职业教育新能源汽车类专业教材

混合动力汽车结构与检修

（第2版）

全国交通运输职业教育教学指导委员会◎组织编写

朱学军　张俊停◎主　编

杨双喜◎主　审

人民交通出版社

北京

内 容 提 要

本书为职业教育新能源汽车类专业教材。全书分为六个模块，主要内容有：混合动力汽车概述、混合动力汽车发动机和驱动电机系统、混合动力汽车传动系统、混合动力汽车电子电力辅助系统、混合动力汽车储能装置与管理系统、混合动力汽车车载网络系统。

本书可作为职业院校新能源汽车技术、新能源汽车检测与维修技术等专业的教学用书，也可作为新能源汽车技术人员的培训用书和新能源汽车专业师资培训教材。

图书在版编目(CIP)数据

混合动力汽车结构与检修/朱学军,张俊停主编.
2版.—北京:人民交通出版社股份有限公司,2024.
12. —ISBN 978-7-114-19696-6

Ⅰ.U469.7

中国国家版本馆 CIP 数据核字第 2024YW0821 号

书　　名：	混合动力汽车结构与检修(第2版)
著 作 者：	朱学军　张俊停
责任编辑：	张一梅
责任校对：	赵媛媛　魏佳宁
责任印制：	张　凯
出版发行：	人民交通出版社
地　　址：	(100011)北京市朝阳区安定门外外馆斜街3号
网　　址：	http://www.ccpcl.com.cn
销售电话：	(010)85285911
总 经 销：	人民交通出版社发行部
经　　销：	各地新华书店
印　　刷：	北京市密东印刷有限公司
开　　本：	787×1092　1/16
印　　张：	12.5
字　　数：	279 千
版　　次：	2018年3月　第1版
	2024年12月　第2版
印　　次：	2024年12月　第2版　第1次印刷　累计第6次印刷
书　　号：	ISBN 978-7-114-19696-6
定　　价：	39.00 元

(有印刷、装订质量问题的图书，由本社负责调换)

编审委员会

陈文华（浙江交通职业技术学院）

张京伟（中国汽车维修行业协会）

王凯明（中国汽车维修行业协会）

魏俊强（北京祥龙博瑞汽车服务集团）

官海兵（江西交通职业技术学院）

钱锦武（云南交通职业技术学院）

张　利（北京交通运输职业学院）

缑庆伟（北京交通运输职业学院）

李丕毅（上海交通职业技术学院）

仇　鑫（上海交通职业技术学院）

侯　涛（云南交通职业技术学院）

朱学军（河南交通职业技术学院）

张俊停（河南交通职业技术学院）

夏令伟（上海中锐教育投资有限公司）

朱　军（中国汽车维修行业协会）

周志国（浙江交通职业技术学院）

李丽娜（天津交通职业学院）

蔺宏良（陕西交通职业技术学院）

张宏坤（山东交通职业学院）

许建忠（北京汇智慧众汽车技术研究院）

李　斌（人民交通出版社股份有限公司）

翁志新（人民交通出版社股份有限公司）

第2版前言

为落实国务院印发的《新能源汽车产业发展规划(2021—2035年)》精神,适应我国汽车产业转型升级,满足新能源汽车技术人才培养需求,根据汽车维修工国家职业技能标准和新能源汽车技术专业教学标准,紧密结合目前新能源汽车类专业教学需求,再版了本教材。

《混合动力汽车结构与检修》(第2版)在第1版教材的基础之上,将每个模块的学习目标细化为知识目标、技能目标和素质目标;对部分模块结构、内容做了调整、修改,删除了部分陈旧的知识点,增加了对国产混合动力汽车新技术和新工艺的介绍,确保教材内容紧跟汽车行业发展形势;替换了部分不太清晰的图片,并对思考与练习题内容进行了更新;在"模块三 混合动力汽车传动系统"中增加了比亚迪EHS电混系统内容;在"模块五 混合动力汽车储能装置与管理系统"中增加了比亚迪刀片电池内容;将技能实训中的车型统一更新为比亚迪唐DM-i、比亚迪秦DM-i等国产混合动力汽车。

本教材具有以下特色:

(1)与专业教学标准紧密衔接,较多地体现了新技术、新工艺、新方法,满足新能源汽车类专业高技能人才培养的需要。

(2)以技术领先且具有代表性的国产新能源车型为载体进行讲解,具有较广的适用性。

(3)采用模块式编写体例,建立三维学习目标,聚焦知识、技能、素质培养,体现行动导向的教学观,使培养过程实现"理实一体"。通过将素质目标融入学习目标、育人元素融入课程教学、素质思考题融入课后练习等方式,探索思政元素与专业教学相结合的新路径。

(4)教材配有电子课件,教材的主要知识点以二维码链接动画或视频资源,易教易学。

参加本教材编写工作的有:河南交通职业技术学院朱学军(编写模块一),河南交通职业技术学院张俊停(编写模块二第一、三部分及技能实训)、秦龙(编写模块二第二部分),河南交通职业技术学院梅丽歌(编写模块三),河南交通职业技术学院张新文(编写模块四),河南交通职业技术学院张磊(编写模块五),河南交通职业技术学院贾东明(编写模块六)。全书由朱学军、张俊停担任主编,比亚迪股份有限公司杨双喜担任主审。

在本书编写过程中,作者引用了相关文献资料及一些汽车企业的维修手册,得到了比亚迪股份有限公司等合作企业的支持与帮助,在此向这些文献作者及相关企业表示衷心的感谢!

限于作者水平,书中难免有疏漏和错误之处,恳请广大读者提出宝贵建议,以便进一步修改和完善。

作　者

2024 年 8 月

目录

模块一　混合动力汽车概述 ························· 1

一、混合动力汽车的定义与分类 ·························· 1
二、混合动力汽车的特点与现状 ·························· 6
技能实训 ·· 8
模块小结 ·· 9
思考与练习 ·· 9

模块二　混合动力汽车发动机和驱动电机系统 ···· 11

一、混合动力汽车发动机系统 ··························· 12
二、混合动力汽车驱动电机系统 ······················· 44
三、混合动力汽车发动机和驱动电机系统检修 ···· 51
技能实训 ·· 57
模块小结 ·· 61
思考与练习 ··· 62

模块三　混合动力汽车传动系统 ······················ 64

一、混合动力汽车传动系统概述 ······················· 64
二、混合动力汽车传动系统的组成 ···················· 65
三、混合动力汽车传动系统检修 ······················· 93
技能实训 ·· 98
模块小结 ·· 104
思考与练习 ··· 105

模块四　混合动力汽车电子电力辅助系统　107

一、混合动力汽车动力转向系统　108

二、混合动力汽车制动系统　115

三、混合动力汽车空调系统　127

技能实训　144

模块小结　147

思考与练习　148

模块五　混合动力汽车储能装置与管理系统　150

一、混合动力汽车储能装置的定义与分类　150

二、混合动力汽车动力蓄电池　153

三、混合动力汽车电池管理系统　159

四、混合动力汽车电池系统故障诊断和维修　162

技能实训　166

模块小结　170

思考与练习　171

模块六　混合动力汽车车载网络系统　172

一、混合动力汽车车载网络系统概述　172

二、混合动力汽车车载网络总线系统的检修　179

技能实训　185

模块小结　188

思考与练习　189

参考文献　190

模块一
混合动力汽车概述

学习目标

知识目标

1. 掌握混合动力汽车的定义；
2. 掌握混合动力汽车的分类；
3. 了解混合动力汽车的特点；
4. 了解混合动力汽车的现状。

技能目标

1. 会正确使用车辆安全防护套件；
2. 熟练规范操作混合动力汽车的各项功能。

素质目标

1. 通过了解我国混合动力汽车的领先地位，树立中华民族自豪感；
2. 通过对混合动力汽车安全防护，培养安全意识；
3. 通过对混合动力汽车各项功能规范操作，培养精益求精的工匠精神。

▶ 建议课时：4 课时。

一、混合动力汽车的定义与分类

（一）混合动力汽车的定义

混合动力汽车(Hybrid Vehicle)是指拥有两种以上动力源，使用其中一种或多种动力源提供驱动力的车辆，也叫复合动力汽车。

目前，通常所说的混合动力汽车，一般是指混合动力电动汽车(Hybrid Electric Vehicle, HEV)，即能够至少从可消耗的燃料和可再充电能/能量储存装置两类车载储存的能量中获得动力的汽车。

混合动力汽车的结构

(二)混合动力汽车的分类

1. 按照动力系统结构形式分类

根据动力系统结构形式,一般把混合动力汽车分为三类:串联式混合动力汽车又被称为增程式电动汽车、并联式混合动力汽车、混联式混合动力汽车。

1)串联式

串联式混合动力汽车主要由发动机、发电机、电动机三大动力总成以串联方式组成动力系统,如图1-1所示。

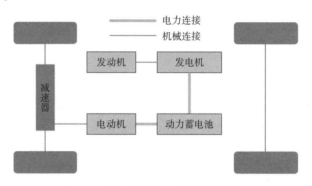

图1-1 串联式混合动力汽车结构示意图

串联式混合动力汽车的驱动模式有以下两种:

(1)纯电模式。

①大负荷工况。

当汽车处于起动、加速、爬坡等大负荷工况时,发动机—发电机组和动力蓄电池共同向电动机提供电能,电动机作为唯一动力源驱动车辆行驶。

②小负荷工况。

当汽车处于低速、怠速等小负荷工况时,由动力蓄电池向电动机提供电能进而驱动车辆行驶。

(2)充电模式。

①能量回收工况。

当汽车处于滑行、减速等工况时,动力蓄电池不再向电动机提供电能,同时车轮的机械能经过传动装置反向带动电动机旋转,电动机作为发电机,将动能转化为电能向动力蓄电池充电,存储能量。此时发动机—发电机组停止工作。

②动力蓄电池缺电工况。

当动力蓄电池电量不足时,发动机—发电机组自动运转向动力蓄电池充电。

串联式混合动力汽车的驱动力只来源于电动机,故被认为是电动汽车的一类。发动机带动发电机发电,增加了汽车的续驶里程,所以发动机—发电机组就是汽车的增程器。因此串联式混合动力汽车又称为"增程式"电动汽车,代表车型有理想汽车L9、问界M9等。

2)并联式

并联式混合动力汽车的发动机和电动机都是动力总成,两大动力总成的功率可以互相叠加输出,也可以单独输出。实际上就是在普通内燃机汽车的基础上加装一套电能驱动系统(即电动机和动力蓄电池),如图1-2所示。

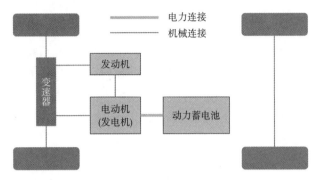

图1-2 并联式混合动力汽车结构示意图

并联式混合动力汽车发动机和电动机都能单独驱动汽车,也可以同时工作,共同驱动汽车。

并联式混合动力汽车驱动模式有以下四种:

(1)混合模式。

当汽车处于起动、加速、爬坡等大负荷工况时,发动机和电动机同时工作驱动车辆行驶。

(2)纯电模式。

当汽车处于低速、怠速等小负荷工况或者驾驶人强制开启纯电模式时,由动力蓄电池向电动机提供电能进而驱动车辆行驶,此时发动机停止工作。

(3)纯油模式。

当驾驶人强制开启纯油模式时,发动机驱动车辆行驶,电动机停止工作。

(4)充电模式。

①能量回收工况。

当汽车处于滑行、减速等工况时,动力蓄电池不再向电动机提供电能,同时车轮的机械能经过传动装置反向带动电动机旋转,电动机作为发电机,将动能转化为电能向动力蓄电池充电,存储能量。此时发动机停止工作。

②动力蓄电池缺电工况。

当动力蓄电池电量不足时,发动机不但要驱动车辆行驶,还要带动电动机旋转,此时电动机变身为发电机,对动力蓄电池充电。

3)混联式

混联式混合动力汽车综合了串联式和并联式的结构,主要由发动机、发电机和电动机三大动力总成组成,如图1-3所示。

混联式混合动力汽车在发动机和电动机协同驱动车辆行驶的同时,发动机还能带动发电机为动力蓄电池充电,不再像并联结构中单一电动机需要身兼两职,并且理论上它能够实现发动机带动发电机发电,电动机驱动车辆的模式,代表车型有比亚迪DM-i及DM-P等系列车型。

混联结构的驱动模式有以下四种:

（1）混合模式。

当汽车处于起动、加速、爬坡等大负荷工况时，发动机和电动机同时工作驱动车辆行驶。

混合动力汽车混合模式

（2）纯电模式。

当汽车处于低速、怠速等小负荷工况或者驾驶人强制开启纯电模式时，由动力蓄电池向电动机提供电能进而驱动车辆行驶，此时发动机停止工作。

混合动力汽车纯电模式

（3）纯油模式。

当驾驶人强制开启纯油模式时，发动机驱动车辆行驶，电动机停止工作。

（4）充电模式。

①能量回收工况。

当汽车处于滑行、减速等工况时，动力蓄电池不再向电动机提供电能，同时车轮的机械能经过传动装置反向带动电动机旋转，电动机作为发电机，将动能转化为电能向动力蓄电池充电，存储能量。此时发动机停止工作。

混合动力汽车能量回收工况

②动力蓄电池缺电工况。

当动力蓄电池电量不足时，发动机不但要驱动车辆行驶，还要带动发电机旋转，对动力蓄电池充电。

混合动力汽车动力蓄电池缺电工况

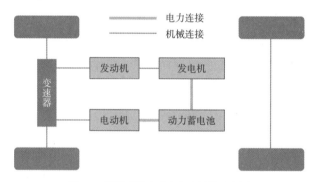

图1-3　混联式混合动力汽车结构示意图

2. 按混合程度分类

在混合动力系统中，根据电动机的输出功率在整个系统输出功率中所占比例，可以分为以下四类：微度混合动力、轻度混合动力、中度混合动力、重度混合动力（也称全混合动力、强混合动力）。

1）微度混合动力汽车（Micro HEV）

电动机的峰值功率和发动机的额定功率比小于等于5%的混合动力汽车为微度混合动力汽车。

微度混合动力汽车的动力系统对传统发动机的起动机进行了改造，形成由皮带传动的发电起动一体式电动机（BSG）。该电动机用来控制发动机快速起停，取消了发动机的怠速过程，降低了油耗和尾气污染物排放。微度混合动力系统搭载的电动机功率比较小，仅靠电动机无法使车辆起步，起步过程仍需要发动机介入，是一种初级的混合动力系统。在微度混合动力系统里，电动机的电压通常有两种：12V和42V。在城市循环工况下节油率一般为5%~10%。

2) 轻度混合动力汽车（Mild HEV）

电动机的峰值功率和发动机的额定功率比在 5%～15% 的混合动力汽车为轻度混合动力汽车。

轻度混合动力汽车的动力系统采用了集成式起动电动机（ISG）。与微度混合动力系统相比，轻度混合动力系统除了能够实现用电动机控制发动机的起停外，还能够在汽车制动和下坡工况下，实现对部分能量进行回收。在行驶过程中，发动机的动力可以在车轮的驱动需求和发电机发电需求之间进行调节。在城市循环工况下，节油率一般为 10%～15%。

3) 中度混合动力汽车（Medium HEV）

电动机的峰值功率和发动机的额定功率比在 15%～40% 的混合动力汽车为中度混合动力汽车。

中度混合动力汽车的混合动力系统同样采用了集成式起动电动机（ISG）。与轻度混合动力系统不同之处在于，中度混合动力系统采用的是高压电动机，在汽车加速或者大负荷工况时，电动机能够辅助发动机驱动车辆，补充发动机本身动力输出的不足，提高整车性能。这种系统在城市循环工况下节油率可以达到 20%～30%。

4) 重度混合动力（Full HEV）

电动机的峰值功率和发动机的额定功率比在 40% 以上的混合动力汽车为重度混合动力汽车。

重度混合动力汽车的动力系统以发动机为基础动力，电动机为辅助动力。采用了 272～650V 的高压电动机，电动机的功率更为强大，完全可以满足车辆在起步和低速行驶时的动力要求。因此在起步和低速行驶状态下都不需要起动发动机，依靠电动机可以完全胜任，在低速时就像一款纯电动汽车。在急加速和爬坡运行工况下车辆需要较大的驱动力时，电动机和发动机同时对车辆提供动力。随着电动机、动力蓄电池技术的进步，重度混合动力系统逐渐成为混合动力技术的主要发展方向。在城市循环工况下节油率可以达到 30%～50%。

3. 按外接充电能力分类

按外接充电能力，混合动力汽车可以分为不可外接充电式混合动力汽车（Non off-vehicle-chargeable Hybrid Electric Vehicle，NOVC-HEV）和可外接充电式混合动力汽车（Off-vehicle-chargeable Hybrid Electric Vehicle，OVC-HEV）两种。

1) 不可外接充电式混合动力汽车

正常使用情况下从车载燃料中获取全部能量的混合动力汽车。该类型混合动力汽车没有外接充电功能，动力蓄电池的容量较小，且充电完全依靠发动机带动发电机来完成，也就是内充。纯电动模式行驶距离很短，无法长时间使用。

2) 可外接充电式混合动力汽车

正常使用情况下可从非车载装置中获取电能量的混合动力汽车。

插电式混合动力电动汽车（PHEV）属于此类型。简单说就是既有传统汽车的发动机、变速器、传动系统、油路、油箱，也有电动车的蓄电池、电机、控制电路，而且蓄电池容量比较大，有充电接口，如图 1-4 所示，因此节油率可达 70%。

与不可外接充电混合动力汽车相比，可外接充电混合动力汽车动力蓄电池容量更大，可以支持行驶的里程更长。如果拥有较好的充电条件，可外接充电混合动力汽车不用加油就可满足日常出行，当做纯电动汽车使用，具有纯电动汽车的优点。与纯电动汽车相比，可外接充电混合动力汽车蓄电池容量要小很多，但是带有传统内燃机车的发动机、变速器、传动系统、油路、油箱。在无法充电时，只要有加油站就可以一直行驶下去，行驶里程不受充电条件的制约，又具有燃油车的优势。

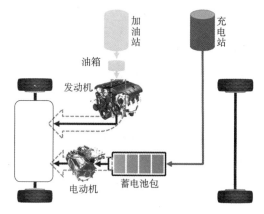

图1-4　可外接充电式混合动力汽车示意图

二、混合动力汽车的特点与现状

混合动力汽车结构与分类

（一）混合动力汽车的特点

当前使用的普通内燃机汽车存在一些弊端，统计表明，在80%以上的道路条件下，一辆普通内燃机汽车仅利用了动力潜能的40%，在城市道路上甚至会下降至25%。更为严重的是，此时的废气污染物排放占整个车辆废气污染物排放的90%以上，对环境带来了巨大的污染。自20世纪90年代以来，工程师们开发研制出了混合动力汽车，将电动机与传统的内燃机组合在一辆汽车上提供驱动力，将传统内燃机功率尽量做小，让一部分动力由电动机系统承担。这样一来汽车发动机的热效率可提高10%以上，废气污染物排放可降低30%以上。

混合动力汽车的优点有：

（1）采用了小功率内燃机，油耗低、污染少，同时具有普通内燃机汽车的优点。

采用混合动力后可按平均需用的功率来确定内燃机的最大功率，使内燃机在最优工况下工作，故油耗低、污染少。当车辆负荷大，内燃机功率不足时，由电动机系统来补充；当车辆负荷小时，内燃机富余的功率可发电给动力蓄电池充电，储存起来。由于内燃机可持续工作，电池又可以不断得到充电，故其无"里程焦虑"。

（2）可以方便地回收滑行、减速等工况的多余能量。

因为混合动力汽车装备了动力蓄电池系统，可以十分方便地回收滑行、减速等工况的多余能量，并把它们储存起来。

(3)可以电动机单独驱动,实现"零排放"、低噪声。

在一些特殊工况,可关停内燃机,由电动机单独驱动,实现"零排放"、低噪声。

(4)可以方便地解决电动汽车的一些难题。

混合动力汽车的内燃机系统可以十分方便地解决耗能大的空调、取暖、除霜等纯电动汽车遇到的难题。

(5)可以使用现有的加油站加油,不必再投资。

(6)可以使动力蓄电池保持在良好的工作状态,不发生过充、过放,延长其使用寿命,降低成本。

混合动力汽车的缺点有:

(1)有两套以上动力系统及控制管理系统,匹配技术较难。

(2)车辆结构复杂,价格较普通燃油车高。

(二)混合动力汽车的现状

中国汽车工业协会发布数据显示,2023年,我国汽车产销量分别完成3016.1万辆和3009.4万辆,同比分别增长11.6%和12%,产销量连续15年稳居全球第一,如图1-5所示。

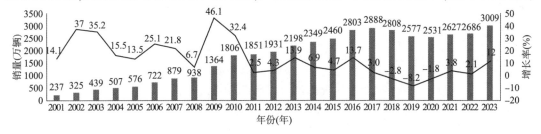

图1-5 2001—2023年中国汽车销量及增长率

在政策和市场的双重作用下,我国2023年新能源汽车持续快速增长。新能源汽车(数据统计的新能源汽车类型包括纯电动汽车、插电式混合动力汽车和燃料电池汽车三类)产销量分别完成958.7万辆和949.5万辆,同比分别增长35.8%和37.9%,市场占有率达到31.6%,如图1-6所示。其中插电式混合动力汽车销量280.4万辆,同比增长84.7%。随着我国汽车电动化的持续推进,纯燃油车将逐步被新能源汽车取代。

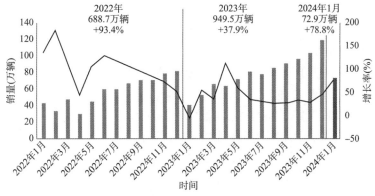

图1-6 新能源汽车月度销量及增长率

2023年8月,工业和信息化部、财政部、国家能源局等七个部门联合印发了《汽车行业稳增长工作方案(2023—2024年)》。这项政策将"稳定燃油汽车消费"作为汽车行业稳增长的途径之一,其中重点提到要"鼓励发展混合动力、低碳燃料技术路线"。因此,在目前的技术水平和应用条件下,混合动力汽车仍然是最具有产业化和市场化前景的新能源车型之一。

目前,比亚迪、吉利、长安、长城、奇瑞、广汽、上汽、东风等传统车企都在混合动力汽车领域加速布局。理想、问界、岚图等造车新势力也都有混合动力技术路线的重量级产品。

2020年11月发布的《节能与新能源汽车技术路线图2.0》指出,到2035年,中国节能汽车与新能源汽车年销量将各占一半,其中混合动力将作为最重要的节能技术在汽车领域推广,传统能源动力乘用车全部转变为混合动力车型,这意味着混合动力汽车的地位有所上升。

经过技术研发和创新,近年来,国内车企冲破了国外车企打造的混合动力汽车技术专利壁垒,相继开发出了全新的技术领先的多种混合动力系统。例如比亚迪DM-i、长城柠檬DHT、长安蓝鲸智电iDD、吉利雷神Hi·X、奇瑞星核动力ET-i、广汽GMC2.0等混合动力系统也相继投入使用并推出量产车型,市场反响好,占有率较高。

技能实训

比亚迪唐DM-i的基本认识操作实训

(一)准备工作

(1)场地设施:装有尾气抽排系统和消防设施的场地。

(2)设备设施:比亚迪唐DM-i、车轮挡块、防护套件。

(二)实训过程

(1)安装车内及车外车辆防护套件。

(2)安装尾气抽排管。

(3)安装车轮挡块。

(4)打开驾驶侧车门,确认驻车制动启动。

(5)将点火开关打到ON挡,观察并记录仪表板中各警告灯工作情况。

(6)确认变速器换挡杆挡位。

(7)起动车辆,观察并记录车辆起动情况及仪表板中各仪表、警告灯工作情况。

(8)操作灯光控制开关,体验打开各种灯光。

(9)操作刮水器控制开关,体验打开刮水器各项功能。

(10)操作空调控制开关,体验空调系统各开关功能。

(11)操作音响控制开关,体验音响系统各开关功能。

(12)关闭点火开关,确认挡位,确认驻车制动启动。

(13)打开发动机舱盖,观察并记录各总成名称及位置。

(14)收起车内及车外车辆防护套件。

(15)收起尾气抽排管。

模块小结

（1）混合动力汽车（Hybrid Vehicle）是指拥有两种以上动力源，使用其中一种或多种动力源提供驱动力的车辆，也叫复合动力汽车。

（2）混合动力电动汽车（Hybrid Electric Vehicle，HEV），即能够至少从可消耗的燃料和可再充电能/能量储存装置两类车载储存的能量中获得动力的汽车。

（3）混合动力汽车既有燃料发动机动力性好、反应快和工作时间长的优点，又有电动机无污染和低噪声的好处，达到了发动机和电动机的最佳匹配。

（4）串联式混合动力汽车的动力来源于电动机，发动机只能驱动发电机发电，并不能直接驱动车辆的行驶。

（5）并联式混合动力汽车发动机和电动机都能单独驱动车轮，也可以同时工作，共同驱动汽车。

（6）并联式混合动力汽车当动力蓄电池电量不足时，发动机能带动电动机旋转，对动力蓄电池充电。

（7）混联式混合动力汽车在发动机和电动机协同驱动车辆行驶的同时，发动机还能带动发电机为动力蓄电池充电。

（8）微度混合动力汽车的动力系统对传统发动机的起动机进行了改造，形成由皮带传动的发电起动一体式电动机（BSG）。该电动机用来控制发动机快速起停，因此可以取消发动机的怠速过程，降低了油耗和排放。

（9）轻度混合动力汽车的动力系统采用了集成式起动电动机（ISG）。与微度混合动力系统相比，轻度混合动力系统除了能够实现用电动机控制发动机的起停外，还能够在汽车制动和下坡工况下，实现对部分能量进行回收。

（10）中度混合动力系统采用的是高压电动机，在汽车加速或者大负荷工况时，电动机能够辅助发动机驱动车辆，补充发动机本身动力输出的不足，提高整车性能。

（11）重度混合动力汽车采用了272～650V的高压电动机，电动机的功率更为强大，完全可以满足车辆在起步和低速时的动力要求。因此在起步和低速行驶状态下都不需要起动发动机，依靠电动机可以完全胜任，在低速时就像一款纯电动汽车。在急加速和爬坡运行工况下车辆需要较大的驱动力时，电动机和发动机同时为车辆提供动力。

（12）可外接充电式混合动力汽车动力蓄电池容量更大，可以支持行驶的里程更长。如果拥有较好的充电条件，可外接充电式混合动力汽车不用加油就可满足日常出行，当做纯电动汽车使用，具有纯电动汽车的优点。

思考与练习

（一）填空题

1. 混合动力电动汽车的英文简称为_____。
2. 混合动力汽车采用_____和_____作为动力源。

（二）判断题

1. 串联式混合动力汽车的动力来源于发动机。　　　　　　　　　　　　　　　（　　）

2. 并联式混合动力汽车的一个动力源就是发动机。（　　）
3. 并联式混合动力汽车的发动机带动发电机可以为动力蓄电池进行充电。（　　）
4. 混联式混合动力汽车的发动机和电动机无法协同驱动车辆行驶。（　　）

(三) 简答题

1. 微度混合动力汽车中 BSG 指的是什么？
2. 轻度混合动力汽车中 ISG 指的是什么？
3. 可外接充电式混合动力汽车作为混合动力汽车的发展趋势，它的优势有哪些？
4. 比亚迪唐 DM-i 车辆起动后，"OK"指示灯代表什么意思？

模块二
混合动力汽车发动机和驱动电机系统

学习目标

知识目标

1. 会描述混合动力汽车发动机系统的工作原理;
2. 掌握混合动力汽车发动机系统的结构;
3. 会描述永磁同步交流电机的工作原理;
4. 掌握永磁同步交流电机的结构;
5. 会描述电机控制器的工作原理;
6. 掌握电机控制器的结构。

技能目标

1. 会使用故障诊断仪读取发动机故障码及数据流;
2. 会使用故障诊断仪进行发动机系统主动测试;
3. 能够使用压力表进行燃油压力测试;
4. 能够熟练对燃油泵进行检测;
5. 能够对喷油器进行检测;
6. 能够熟练进行火花测试;
7. 会熟练对火花塞进行检测;
8. 会熟练对发动机进行压力测试;
9. 能够对高压电缆进行检查;
10. 能够使用压力表进行机油压力测试;
11. 能够对电子节温器进行检测;
12. 能够进行电机控制器的更换。

素质目标

1. 通过学习到国产混合动力汽车发动机技术的持续进步,树立科技创新意识;
2. 通过规范高压下电操作,培养相互协助、生命至上意识;
3. 通过发动机和驱动电机系统技能训练,培养一丝不苟、执着专注的工匠精神。

▶ 建议课时:24课时。

一、混合动力汽车发动机系统

（一）概述

1. 发动机的作用

发动机是混合动力汽车的核心部件，是混合动力汽车的动力源之一。发动机一般是将液体燃料或气体燃料和空气混合后直接输入内部燃烧产生热能，热能再转变为机械能，因此又称内燃机。常见的混合动力汽车发动机使用的是四冲程往复活塞式汽油发动机。

2. 发动机的基本结构及术语

（1）基本结构。

往复活塞式内燃机的工作腔称作汽缸，汽缸内表面为圆柱形。在汽缸内做往复运动的活塞通过活塞销与连杆的一端连接，连杆的另一端与曲轴相连，构成曲柄连杆机构。

当活塞在汽缸内做往复运动时，连杆便推动曲轴旋转，或者相反。同时，工作腔的容积也在不断地由最小变到最大，再由最大变到最小，如此循环不已。

汽缸的顶端用汽缸盖封闭。在汽缸盖上装有进气门和排气门，通过进排气门的开闭实现向汽缸内充气和向汽缸外排气。进、排气门的开闭由凸轮轴控制。凸轮轴由曲轴通过正时带或齿轮或链条驱动。进、排气门和凸轮轴以及其他零件共同组成配气机构。构成汽缸的零件称作汽缸体，支撑曲轴的零件称作曲轴箱，汽缸体与曲轴箱的连铸体称作机体。四冲程往复活塞式汽油发动机的基本结构如图2-1所示。

（2）基本术语。

发动机基本术语分布如图2-2所示。

① 工作循环。

由进气、压缩、做功、排气四个工作行程组成的工作过程。

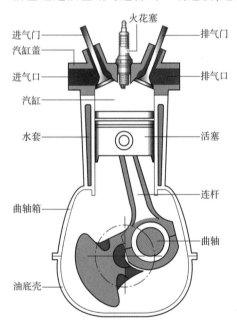

图2-1 四冲程往复活塞式汽油发动机的基本结构

② 上止点（Top Dead Center，TDC）。

活塞顶离曲轴回转中心最远处为上止点。在上止点处，活塞的运动速度为零。

③ 下止点（Bottom Dead Center，BDC）。

活塞顶离曲轴回转中心最近处为下止点。在下止点处，活塞的运动速度为零。

④ 冲程。

活塞由一个止点运动到另一个止点的过程。

⑤ 活塞行程。

上、下止点间的距离 S 为活塞行程。

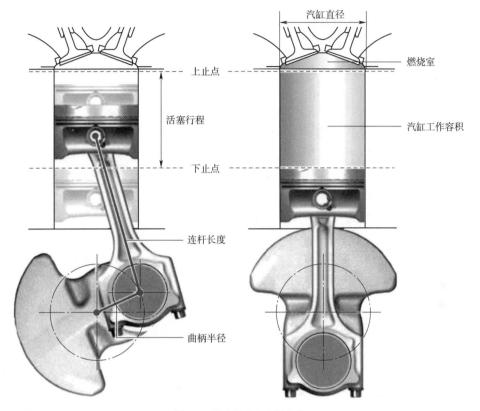

图 2-2 发动机基本术语分布

⑥曲轴半径。

曲轴半径是指与连杆大头相连接的曲柄销的中心线到曲轴回转中心线的距离。曲轴每转一周,活塞移动两个行程,所以 $S=2R$。

⑦汽缸工作容积。

上、下止点间所包容的汽缸容积为汽缸工作容积,记作 V_S,单位是升(L)。

⑧发动机排量。

发动机所有汽缸工作容积的总和为发动机排量,记作 V_L,单位是升(L)。

⑨燃烧室容积。

活塞位于上止点时,活塞顶面以上汽缸盖底面以下所形成的空间为燃烧室,其容积为燃烧室容积,记作 V_C。

⑩汽缸总容积。

汽缸工作容积与燃烧室容积之和为汽缸总容积,记 V_a。$V_a = V_S + V_C$。

⑪压缩比。

汽缸总容积与燃烧室容积之比为压缩比,记作 ε。$\varepsilon = V_a/V_C = 1 + V_S/V_C$。压缩比的大小表示活塞由下止点运动到上止点时,汽缸内的气体被压缩的程度。压缩比越大,压缩终了时汽缸内的气体压力和温度越高。一般进气道喷射汽油机的压缩比为 7~12,缸内直喷汽油机压缩比可达 12~14。

⑫工况。

发动机在某一时刻的运行状况,以该时刻发动机输出的有效功率和曲轴转速表示。

⑬负荷率(负荷)。

发动机在某一转速下发出的有效功率与相同转速下所能发出的最大有效功率之比。

(二)混合动力汽车发动机工作原理

常见的混合动力汽车发动机使用的是四冲程往复活塞式汽油发动机,与传统汽车的发动机的区别在于工作时间少且长期工作在高热效率区间,更省油、更环保,但是它们的工作原理相同。

四冲程往复活塞式汽油发动机在一个工作循环内,活塞在汽缸内要经过四个行程,依次是进气行程、压缩行程、做功行程和排气行程,如图2-3所示。曲轴旋转两周,完成一个工作循环,即每个行程有180°曲轴转角。

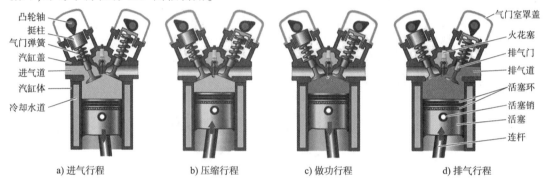

图2-3 四冲程往复活塞式汽油发动机工作过程

1. 进气行程

活塞在曲轴的带动下由上止点移至下止点。此时排气门关闭,进气门开启。在活塞移动过程中,汽缸容积逐渐增大,汽缸内形成一定的真空度。

(1)进气道喷射汽油机。

空气和汽油的混合物通过进气门被吸入汽缸,如图2-4所示,并在汽缸内进一步混合形成可燃混合气。

(2)缸内直喷汽油机。

空气通过进气门被吸入汽缸,汽油直接喷入燃烧室,如图2-5所示,在汽缸内与空气混合形成可燃混合气。

因为进气系统有阻力,所以进气行程终了时汽缸内的气体压力低于大气压力,为0.08~0.09MPa。由于气门、汽缸壁、活塞等高温零件以及前一个循环残留在汽缸内的高温废气对混合气的加热,进气终了时汽缸内的气体温度高于大气温度,为320~380K。

2. 压缩行程

进气行程结束后,曲轴继续带动活塞由下止点移至上止点。这时,进、排气门均关闭。随着活塞移动,汽缸容积不断减小,汽缸内的混合气被压缩,其压力和温度同时升高。压缩行程终了时,汽缸内气体的压力为0.8~1.5MPa,温度为600~750K。

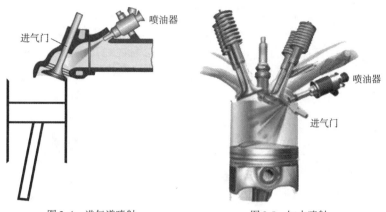

图 2-4　进气道喷射　　　　图 2-5　缸内喷射

3. 做功行程

压缩行程结束时,安装在汽缸盖上的火花塞产生电火花,将汽缸内的可燃混合气点燃,火焰迅速传播至整个燃烧室,同时放出大量的热。燃烧气体的体积急剧膨胀,压力和温度迅速升高。在气体压力的作用下,活塞由上止点移至下止点,并通过连杆推动曲轴旋转做功。这时,进、排气门均关闭。

在做功行程中,燃烧气体的最大压力可达 3.0~6.5MPa,最高温度可达 2200~2800K。随着活塞向下止点移动,汽缸容积不断增大,气体压力和温度逐渐降低。在做功行程结束时,压力为 0.35~0.5MPa,温度为 1200~1500K。

4. 排气行程

排气行程开始时,排气门开启,进气门仍然关闭,曲轴通过连杆带动活塞由下止点移至上止点,此时膨胀过后的燃烧气体(废气)在其自身剩余压力及活塞的推动下,经排气门排出汽缸外。当活塞到达上止点时,排气冲程结束,排气门关闭。

排气行程终了时,在燃烧室内仍会残留少量废气,称其为残余废气。因为排气系统有阻力,所以残余废气的压力比大气压力略高,为 0.105~0.12MPa,温度为 900~1100K。

(三) 阿特金森发动机

普通汽车发动机多是基于奥托循环的,它包括进气、压缩、做功和排气四个行程,如图 2-6 所示。

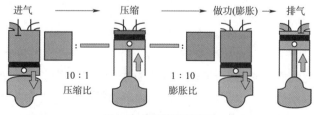

图 2-6　奥托循环示意图

奥托循环的发动机在进气行程中,当活塞到达下至点后,进气门关闭,油气混合物被封闭在汽缸中,在压缩和做功行程中分别被压缩和膨胀做功。这样,膨胀比几乎等于压缩比。在奥托循环发动机的做功行程完成后,封闭在汽缸内的气体气压仍然有 0.35~0.5MPa,这部分气体的压力并未做功,在排气行程中,这部分气体的热量被排放到大气中,产生了能量的浪费。

1882年,英国工程师James Atkinson(詹姆斯·阿特金森)在奥托循环发动机的基础上,通过一套复杂的连杆机构,使得发动机的做功行程大于压缩行程,这种巧妙的设计,不仅改善了发动机的进气效率,也使得发动机的膨胀比大于压缩比,可以更有效地利用燃烧后废气仍然存有的高压,有效提高了发动机效率,这种发动机的工作循环被称为阿特金森循环,如图2-7所示。

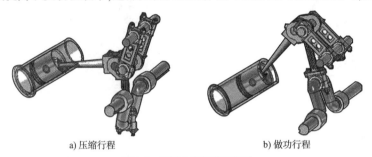

a) 压缩行程　　　　　　b) 做功行程

图2-7　阿特金森循环示意图

由于该循环在结构实现上有很大的难度,需要借助特殊的曲轴和连杆系统来实现,其技术难度高,当时大家都选用了结构简单的奥托循环。

1947年,美国工程师R. H. Miller(拉尔夫·米勒)在奥托循环发动机的基础上实现了高燃油效率的阿特金森循环。他不像James Atkinson(詹姆斯·阿特金森)那样,机械地实现做功行程大于压缩行程,而是推迟进气门关闭时刻,让进气门在压缩行程中关闭,尽管这样会造成吸入汽缸的油气混合物在活塞开始上升时又部分地被推出汽缸,但是压缩行程可以通过控制进气门关闭的时刻来恰当地调节。因考虑到压缩行程又被分为两个阶段(燃油喷射阶段和实际压缩阶段),这种发动机有时又被称为"五冲程发动机",如图2-8所示。

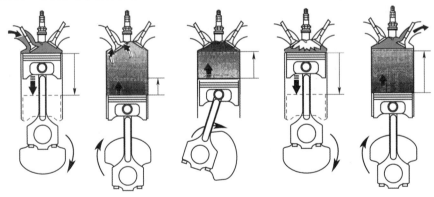

图2-8　五冲程发动机工作循环示意图

阿特金森循环目前多采用可变配气正时方式来实现。现代的阿特金森循环发动机使用电子控制装置和可变配气正时装置,使燃烧在汽缸中的油气混合物体积膨胀得更大,使得动力装置能更高效地利用燃油。由于该形式的阿特金森循环发动机在大负荷时,功率输出损失较大,抵消了该发动机燃油效率高的优点,所以应减少发动机大负荷工况,或取消大负荷工况。发动机处于部分负荷工况状态时,进气回流使进入汽缸的部分混合气流回进气管,通过增大节气门开度可以降低气流损失,采用远高于普通发动机的压缩比以提高热效率,长的膨胀行程又可以充分利用燃烧气体的膨胀功,减少废气带走的能量,进一步提高了热效率。

模块 二　混合动力汽车发动机和驱动电机系统

由于现代的阿特金森循环在部分负荷时具有较高的热效率,燃油经济性高,因此它被越来越多地应用于混合动力汽车上,通过电动机的辅助使发动机工作在部分负荷下,提高系统效率。

(四)混合动力汽车发动机系统的组成

为了完成发动机的工作循环,发动机系统需要配备必要的装置和构件才能实现,因此发动机是一部由许多机构和系统组成的复杂机器。混合动力汽车发动机由两大机构和五大系统组成,两大机构是指曲柄连杆机构和配气机构,五大系统是指燃料供给系统、冷却系统、润滑系统、点火系统和起动系统。

发动机的基本结构

1. 曲柄连杆机构

曲柄连杆机构是将热能转变为机械能的主要机构,其功能是把气体作用在活塞顶面上的压力转变为曲轴的转矩,向外输出动力。

曲柄连杆机构由机体组、活塞连杆组和曲轴飞轮组三部分组成。

(1) 机体组。

机体组是发动机各机构、各系统的安装基体。混合动力汽车发动机的机体组主要由汽缸体、汽缸盖、汽缸垫、油底壳、汽缸盖罩等组成,如图2-9所示。

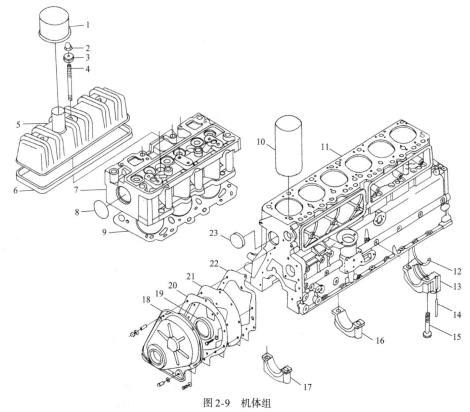

图2-9　机体组

1-曲轴箱通风管盖;2-螺母;3-垫片;4-螺柱;5-汽缸盖罩;6-密封垫;7-汽缸盖;8、23-水堵(碗形塞);9-汽缸盖垫片;10-干式汽缸套;11-机体;12、14-密封条;13、16、17-后、中、前主轴承盖;15-主轴承螺栓;18-定时齿轮室盖;19-曲轴前油封;20、22-衬垫;21-垫板

(2)活塞连杆组。

活塞连杆组由活塞、活塞环、活塞销、连杆、连杆轴承等组成,如图 2-10 所示。

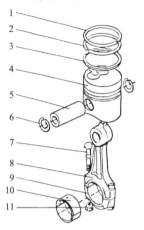

图 2-10　活塞连杆组的组成

1-上气环;2-下气环;3-油环;4-活塞;5-活塞销;6-挡圈;7-连杆螺栓;8-连杆体;9-连杆盖;10-连杆轴承;11-连杆螺母

(3)曲轴飞轮组。

曲轴飞轮组主要由曲轴、飞轮、扭转减振器、皮带轮、正时齿轮等组成,如图 2-11 所示。

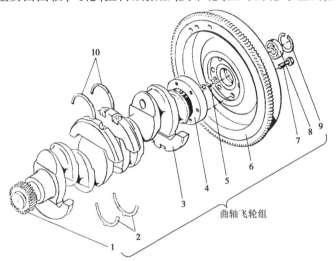

图 2-11　曲轴飞轮组的组成

发动机配气机构

1-曲轴定时齿轮;2-下推力片;3-平衡重;4-曲轴;5-定位销;6-飞轮;7-飞轮螺栓;8-变速器一轴前端支撑轴承;9-挡圈;10-上推力片

2.配气机构

配气机构是按照发动机工作循环的要求,定时开启和关闭各汽缸的进、排气门,使新鲜可燃混合气得以进入汽缸,废气得以及时从汽缸中排出。进入汽缸内的可燃混合气对发动机性能的影响很大,进气量越多,发动机的转矩就越大、功率就越高。

配气机构由气门组和气门传动组组成。

(1)气门组。

气门组主要由气门、气门座、气门导杆和气门弹簧等部件组成,如图 2-12 所示。

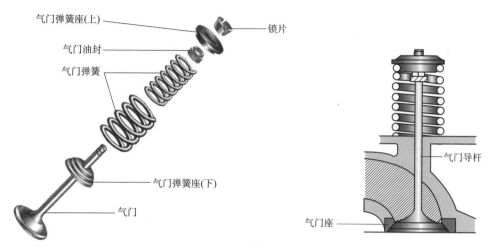

图2-12 气门组的组成

(2) 气门传动组。

气门传动组主要由凸轮轴、凸轮轴正时齿轮、正时链(带)、张紧轮、液压顶柱等部件组成,如图2-13所示。

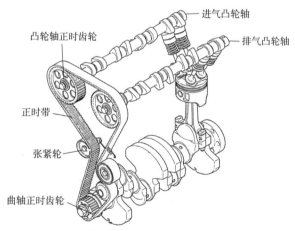

图2-13 气门传动组的组成

发动机工作时,曲轴驱动凸轮轴旋转,动力传递路线为:曲轴→曲轴正时齿轮→正时链(带)→凸轮轴正时齿轮→凸轮轴。当凸轮轴转到凸轮的凸起部分顶到液压挺柱时,通过液压挺柱压缩气门弹簧使气门离座,即气门开启。当凸轮的凸起部分离开液压挺柱时,气门便在气门弹簧力的作用下落座,即气门关闭。

由于四冲程发动机每完成一个工作循环,曲轴旋转2周,而各缸进、排气门各开启1次,完成1次进气和排气,此时凸轮轴只旋转1周,因此曲轴与凸轮轴的转速比为2∶1,即凸轮轴正时齿轮的齿数是曲轴正时齿轮的2倍。

3. 燃料供给系统

汽油机燃料供给系统的功用是根据发动机运行工况的需要,向发动机供给最佳浓度的可燃混合气。汽油机燃料供给系统由汽油供给装置、空气供给装置和电子控制装置组成。

发动机燃料供给系统

（1）汽油供给装置。

汽油供给装置的功用是按照发动机工况的要求，供给清洁的、适量的、一定压力的汽油。按照汽油喷射的位置可以分为缸外喷射和缸内直喷两种。

①缸外喷射。

燃油箱内的汽油流经电动燃油泵、燃油滤清器、燃油压调节器、供油管路、燃油导轨、喷油器，由喷油器喷入进气道或汽缸内，如图2-14所示。

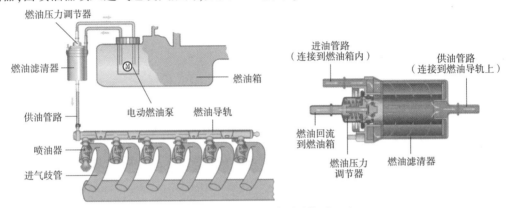

图2-14　汽油供给装置(进气道喷射)的组成

②缸内直喷。

燃油油箱内的汽油流经电动燃油泵、燃油滤清器、燃油压力调节器、供油管路、高压燃油泵、高压导轨、高压喷油器，由高压喷油器喷入汽缸内，如图2-15所示。

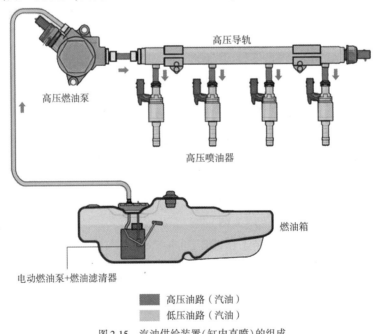

图2-15　汽油供给装置(缸内直喷)的组成

（2）空气供给装置。

空气供给装置的功用是向发动机提供清洁、新鲜的空气，并测量进入汽缸的空气量。按照进气方式可以分为自然吸气式和涡轮增压式。

①自然吸气式。

自然吸气式空气供给装置比较简单,空气经由空气滤清器→空气流量传感器→进气管路→节气门体(节气门、节气门位置传感器)→进气歧管→汽缸,如图2-16所示。

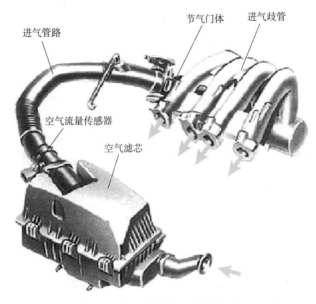

图2-16 空气供给装置(自然吸气式)

②涡轮增压式。

涡轮增压式空气供给装置比自然吸气式空气供给装置多了涡轮增压器,主要作用是增加进气量,从而提高发动机的功率和转矩,同时提升燃油经济性。空气经由空气滤清器→空气流量传感器→进气管路→涡轮增压器→空气冷却器(中冷器)→节气门体(节气门、节气门位置传感器)→进气歧管→汽缸,如图2-17所示。

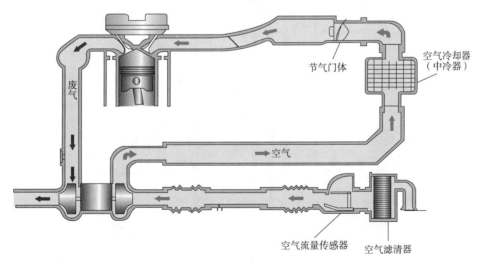

图2-17 空气供给装置(涡轮增压式)

目前采用比较多的是废气涡轮增压器。它的原理是利用发动机运转时所排出来的废气来转动涡轮增压器中的排气侧转子，而排气侧转子与进气侧转子是同轴异室的，当涡轮增压器排气侧转子达到一定转速时它将带动进气侧转子，使进气侧转子引进外来的新鲜空气，经过压缩导入进气歧管内，如图 2-18 所示。涡轮增压发动机的进气是非自然方式，而是经过"吸进来，再压缩"，空气压力是大于大气压力的，所以提高了进气效率。

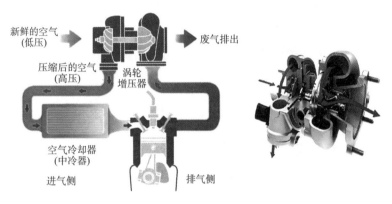

图 2-18　废气涡轮增压的工作原理

（3）电子控制装置。

电子控制装置由传感器、电子控制单元（ECU）、执行器以及连接它们的控制电路组成，如图 2-19 所示。电子控制装置主要传感器见表 2-1。

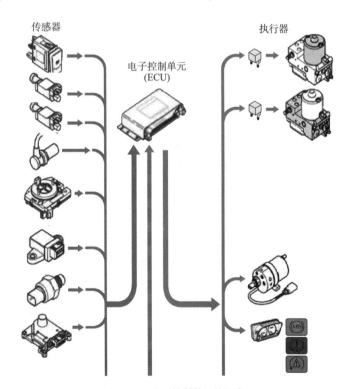

图 2-19　电子控制装置的组成

①传感器。

电子控制装置主要传感器　　　　　　　　　　　　　　表 2-1

序号	名称	实物图	介绍
1	进气温度传感器		1. 用来测量进气温度，并将温度变化的信息传输给 ECU，作为修正喷油量的依据之一。 2. 通常安装在空气流量传感器上或进气管处。 3. 其内部是一个半导体热敏电阻，温度越低，阻值越大（负温度系数），反之亦然
2	冷却液温度传感器		1. 用来检测发动机冷却液度，并将检测结果传输给 ECU，作为修正喷油量的依据之一；也是使活性炭罐电磁阀动作的一个要素。 2. 安装在发动机机体或汽缸盖上，与冷却液接触。 3. 其内部是一个半导体热敏电阻，温度越低，阻值越大（负温度系数），反之亦然
3	节气门位置传感器		1. 将节气门的位置或开度信息转换成电信号传输给 ECU，作为判定发动机运行工况的依据。 2. 安装在节气门轴上，与节气门联动
4	曲轴位置传感器		1. 采集发动机曲轴转速与转角信号并输入 ECU，以便确定喷油量、喷油顺序、喷射正时、点火顺序、点火正时，是发动机集中控制系统最主要的传感器之一。 2. 一般安装于曲轴前端、靠近飞轮的变速器壳体位置
5	凸轮轴位置传感器		1. 采集配气凸轮轴的位置信号并输入 ECU，以便确定活塞处于压缩行程上止点的位置。 2. 一般安装于凸轮轴的前端或者后端
6	氧传感器		1. 检测排气中氧分子的浓度，并将其转换成电压信号输入 ECU。ECU 根据氧传感器的反馈信号，不断地修正喷油量，使混合气成分始终保持在最佳范围内。 2. 安装在排气管上。 3. 常用的有氧化锆型、氧化钛型
7	爆燃传感器		1. 检测发动机的爆燃强度，借以实现点火正时的闭环控制，以便有效地抑制发动机爆燃的发生。 2. 安装在发动机的机体上，能将发动机发生爆燃而引起的机体振动信号转换为电压信号，且当机体的振动频率与传感器的固有振动频率一致而发生共振时，传感器将输出最大电压信号。ECU 根据此最大电压信号判定发动机是否发生爆燃。 3. 常用的有压电式、磁致伸缩式

续上表

序号	名称	实物图	介绍
8	加速踏板位置传感器		1. 用于检测加速踏板的行程,向发动机 ECU 反映驾驶人驾驶意图的信息。 2. 用于电子节气门的发动机,其安装在汽车加速踏板附近
9	车速传感器		1. 用来测量汽车的行驶速度。 2. 测得的信号主要用于发动机急速及汽车加速、减速时的空燃比控制。 3. 和齿盘配合使用。齿盘安装在变速器的输出轴或车轮上。 4. 主要有舌簧开关型和光电耦合型

②电子控制单元。

电子控制单元(ECU)的功用是根据其存储的程序和数据对各种传感器信号进行运算、处理、判断,然后输出指令,向喷油器提供一定宽度的电脉冲信号以控制喷油量。现代汽车电子控制装置的功能不断扩展。从单一的汽油喷射控制发展为对汽油喷射、点火正时、急速及排气再循环、自诊断等进行综合控制的发动机管理系统。

电子控制单元是发动机的管理核心,其由微型计算机、输入/输出接口及控制电路组成,如图 2-20 所示。电子控制单元主要控制功能见表 2-2。

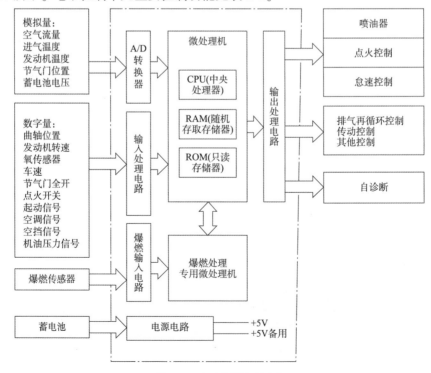

图 2-20 电子控制单元框图

模块二 混合动力汽车发动机和驱动电机系统

电子控制单元主要控制功能　　　　　　　　　　　　　　　表 2-2

序号	名称	介绍
1	喷油量、喷油正时控制	ECU 根据发动机的转速和进气量确定基本喷油量,再根据节气门位置传感器、冷却液温度传感器、进气温度传感器和氧传感器等信号进行修正,确定出最佳喷油量,然后根据点火基准算出各缸的喷油时刻,并按照发动机工作顺序向各缸喷射 传感器　　　　ECU 空气流量传感器或进气压力传感器 → 基本喷油 → 执行器 喷油器 发动机转速传感器 其他传感器 → 修正喷油
2	点火正时的控制	ECU 根据发动机的转速和进气量从存储在 ROM 中的点火特性脉谱图中确定基本点火提前角,再按照发动机温度、进气温度、节气门位置、怠速信号和有无爆燃等信号,对基本点火提前角进行修正,最终确定出最佳点火提前角
3	爆燃控制	ECU 根据传感器的信号识别出某汽缸发生爆燃,便将该汽缸的点火时刻向后推迟。如果爆燃传感器信号中断,则各缸点火提前角均向后推迟一定的曲轴转角,这时发动机性能将明显下降
4	汽油蒸发控制系统的控制	ECU 通过控制汽油蒸气回收控制电磁阀的开闭频率,来调节进入汽缸内的汽油蒸气数量。当电磁阀开启时,炭罐中的汽油蒸气被吸入进气歧管中;当电磁阀关闭时,汽油蒸气被炭罐内的活性炭吸附
5	电动汽油泵的控制	在发动机起动时,ECU 根据曲轴位置传感器输出的转角信号,使汽油泵继电器吸合,进而控制汽油泵供电。若曲轴位置传感器的信号中断,汽油泵继电器不吸合,发动机不能起动
6	氧传感器加热器控制	在发动机工作时,ECU 根据温度传感器控制氧传感器的陶瓷加热元件的通电时间,进而控制氧传感器加热器
7	故障自诊断	ECU 可以对控制系统各部分工作状态进行自动检查和监测。当出现故障时,可以通过仪表板上的故障指示灯闪亮以警告车主,同时将故障代码存储下来以便维修人员调取

③执行器。

执行器接收 ECU 的控制指令,执行相应操作。燃料供给系统的执行器主要包括电动燃油泵、喷油器和电子节气门等。

电动燃油泵的作用是向喷油器提供油压高于进气歧管压力 250～300kPa 的燃油。应用较多的电动燃油泵有滚柱式、叶片式两种。下面介绍应用较多的叶片式燃油泵。

叶片式电动燃油泵的叶轮是一个圆形平板,在平板的圆周上加工有小槽,形成泵油叶片,如图 2-21 所示。

叶轮旋转时,小槽内的燃油随同叶轮一同高速旋转。由于离心力的作用,出口处油压增高,在进口处产生真空,燃油从进口吸入,从出口排出。叶片式电动燃油泵噪声小,油压脉动小,泵油压力高,叶片磨损小,寿命长。电动燃油泵一般固定在燃油箱的底部,泵中设有限压阀和止回阀。当油压超过 0.45MPa 时限压阀开启,使燃油回流到进油口,防止油压过高损坏燃油泵；当发动机停机时，止回阀关闭，防止管路中的燃油倒流回燃油箱，保持管路中有一定的油压，以便比较容易地再次起动发动机。

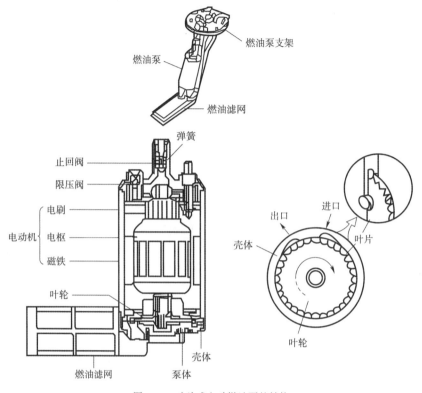

图 2-21　叶片式电动燃油泵的结构

喷油器是按照 ECU 的指令以恒定的压力将一定数量的汽油适时地喷入进气道或汽缸内。喷油器由壳体、电磁线圈、针阀、针阀体、衔铁、复位弹簧等组成，如图 2-22 所示。针阀和衔铁组成一体，在复位弹簧作用下关闭。电磁线圈的通电、断电由 ECU 控制。

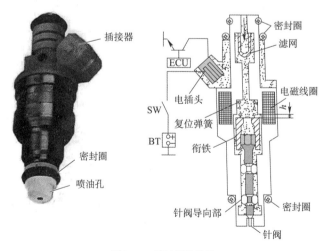

图 2-22　喷油器的结构

喷油器工作原理：ECU 以电脉冲的形式向喷油器输出控制电流。脉冲电流使线圈产生磁吸力，将针阀吸起而喷油，脉冲电流截止而停止喷油。电脉冲从升起到回落所持续的时间称为脉冲宽度，ECU 输出的脉冲宽度短，则喷油持续时间短，喷油量少；若 ECU 输出的脉冲宽度长，则喷油持续时间长，喷油量多。一般喷油器针阀升程约为 0.1mm，喷油持续时间在 2～10ms 范围内。

电子节气门由节气门电动机、传动齿轮和节气门阀片等组成，如图 2-23 所示。节气门电动机接受 ECU 的控制进行旋转，通过传动齿轮带动节气门阀片转动，进而控制进入汽缸的空气量。

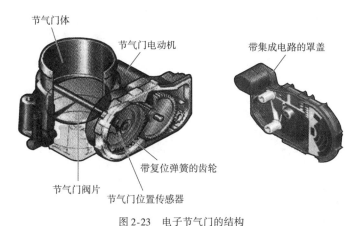

图 2-23　电子节气门的结构

4. 冷却系统

发动机工作时，燃烧室燃烧的温度可达 2500℃，为了保证发动机的持续运转，必须采用冷却系统对发动机进行冷却。

(1) 冷却系统的功用。

发动机冷却系统的功用是使发动机在所有工况下都保持在适当的温度范围(80～90℃)内，即防止发动机过热、防止发动机过冷、在发动机冷起动之后迅速升温。发动机过热，将导致发动机工作过程恶化，零件强度降低，机油变质，零件磨损加剧；发动机过冷或长期在低温下工作，会使散热损失和摩擦损失增加，零件磨损加剧，排放性能恶化，发动机工作粗暴；发动机过热或过冷，均会导致发动机的经济性、动力性、排放性、可靠性及耐久性全面下降。

(2) 冷却系统的组成。

根据所用冷却介质的不同，汽车发动机的冷却系统有两种基本形式，即水冷和风冷。混合动力汽车发动机采用水冷方式，即以冷却液为介质，利用水泵提高冷却液的压力，强制冷却液在发动机内循环流动。

发动机冷却系统由水套(机体和汽缸中)、水泵、散热器、冷却风扇、节温器、膨胀水箱(补偿水箱)及其他附属装置等组成，如图 2-24 所示。

(3) 冷却系统的工作过程。

根据节温器的工作状态，冷却液循环有小循环(节温器主阀门关闭)和大循环(节温器主阀门打开)两个路线,如图 2-25 所示。

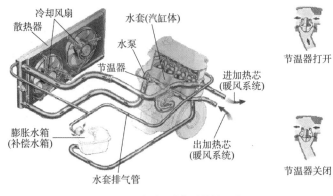

图 2-24　发动机冷却系统的组成

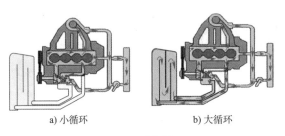

a) 小循环　　　　b) 大循环

图 2-25　冷却循环

①小循环(节温器主阀门关闭)。

发动机运转初期,冷却液温度较低,当温度低于 76℃时,节温器主阀门关闭,旁通阀门开启。发动机冷却液小循环流经路线是:水套+加热芯→节温器旁通阀门→水泵→水套+加热芯。因冷却液未经过散热器,热量损失很小,促使了发动机工作温度的迅速提升。

②大循环(节温器主阀门关闭)。

随着发动机的运转,冷却液温度会逐步升高,当温度超过 86℃时,节温器的主阀门开启,侧阀门关闭。发动机冷却液大循环流经路线为:水套+加热芯→节温器主阀门→散热器→水泵→水套+加热芯。冷却液全部流入散热器,加上散热风扇的强力抽吸,空气流从前向后高速流动从而带走热量进行散热。冷却后的冷却液由水泵从散热器底部重新压入水套,实现冷却液在冷却系统中的不断循环,保持发动机处于良好的工作温度区间。

(4)冷却系统的主要部件的构造与工作原理。

①散热器。

散热器俗称水箱,安装在发动机前的车架横梁上,其功用是将冷却液所携带的热量散入大气中以降低冷却液温度。按照散热器中冷却液流动的方向可将散热器分为纵流式和横流式两种。

a. 纵流式散热器。

纵流式散热器主要由上水室、下水室、芯体和散热器盖等组成,如图 2-26 所示。

b. 横流式散热器。

横流式散热器主要由上水室、下水室、芯体和散热器盖等组成,如图 2-27 所示。

模块二 混合动力汽车发动机和驱动电机系统

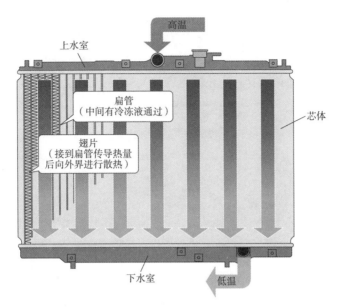

图 2-26 纵流式散热器的结构

c. 芯体。

芯体多采用导热性、焊接性、耐腐蚀好的铝制造,分为管片式和管带式两种类型,如图 2-28 所示。

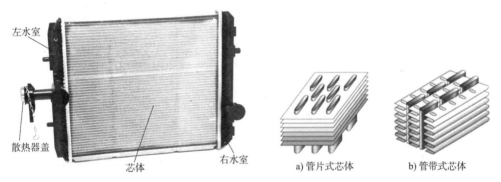

图 2-27 横流式散热器的结构   图 2-28 芯体

d. 散热器盖。

散热器盖严密地盖在冷却液加注口上,使水冷系统成为封闭系统。闭式水冷系统既能将系统内的压力提高 98~196kPa,冷却液的沸点相应提高到 120℃左右,扩大散热器与周围空气的温差,提高散热器的换热效率,从而可以相应地减小散热器尺寸,又可以减少冷却液外溢及蒸发损失。

散热器盖安装有空气阀和蒸汽阀,如图 2-29 所示。

当把散热器盖盖在散热器加冷却液口上并锁紧时,散热器盖的上密封衬垫在压力阀弹簧的作用下与加冷却液口的上密封面贴紧,散热器盖的下密封衬垫与加冷却液口的下密封面贴紧,这时水冷系统被封闭。

当发动机热状态正常时,两阀在弹簧力作用下处于关闭状态,冷却系统与外界大气不通。当压力超过预定值时,蒸汽阀开启,一部分冷却液经溢流管流入膨胀水箱(补偿水箱),防止冷却液胀裂散热器,如图2-30a)所示。当发动机停机后冷却液的温度下降,冷却系统内的压力也随之降低。当压力降到大气压力以下出现真空时,空气阀开启,膨胀水箱(补偿水箱)内的冷却液部分地流回散热器,防止散热器被大气压力压坏,如图2-30b)所示。

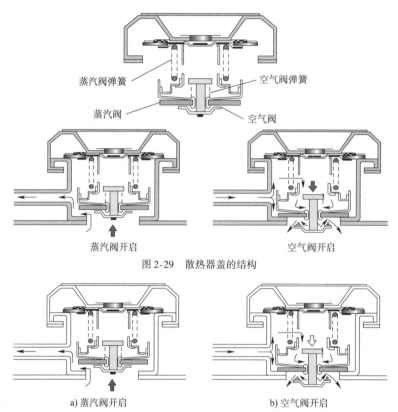

图2-29 散热器盖的结构

图2-30 散热器盖工作原理

② 膨胀水箱(补偿水箱)。

膨胀水箱(补偿水箱)由塑料制造并用软管与散热器的溢流管连接。膨胀水箱(补偿水箱)内的液面有时升高,有时降低,而散热器却总是为冷却液所充满。在膨胀水箱(补偿水箱)的外表面上刻有两条标记线:"低"线和"高"线,液面应于两条标记线之间,如图2-31所示。若液面低于"低"线时,应向内补充冷却液。该部件还可消除水冷系统的所有气泡,增强传热效果并减少对金属的腐蚀。

③ 冷却风扇。

冷却风扇置于散热器后面,其功用是增大流经散热器芯体的空气流速,以增强散热器的散热能力,加速冷却液的冷却。风扇旋转时,空气沿着风扇旋转轴的轴线方向流动,使气流由前向后通过散热器芯体,从而使流经散热器芯的冷却液加速冷却。风扇外围的导风罩使风扇吸进的空气全部通过散热器,以提高散热效率,如图2-32所示。混合动力汽车的风扇直接装在散热器后面的导风罩内,由电动机带动其旋转,由发动机控制单元通过接收的冷却液温度传感器信号进行控制。

模块二 混合动力汽车发动机和驱动电机系统

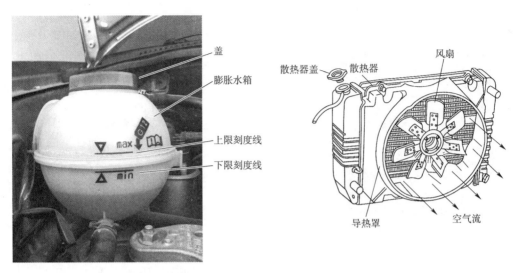

图 2-31 膨胀水箱（补偿水箱）的结构　　　　图 2-32 冷却风扇

风扇的扇风量主要与风扇的直径、转速、叶片形状、叶片安装角及叶片数目有关。叶片的断面形状有圆弧形和翼形，为了降低叶片旋转时的气流噪声，现代汽车采用具有翼形断面叶片的整体铝合金铸造或用尼龙、聚丙烯等合成树脂注射成型的轴流式风扇。一般叶片与风扇旋转平面呈 30°～45°，叶片数目为 4～7 片。叶片之间的夹角一般不相等，以减小旋转时产生的振动和噪声。

④水泵。

a. 水泵的功用及组成。

水泵的功用是对冷却液加压，使其在冷却系统中加速循环流动。混合动力汽车发动机广泛采用离心式水泵，其由外壳、水泵轴、叶轮及轴承等组成，如图 2-33 所示。

b. 水泵的工作原理。

当水泵叶轮按图 2-34 所示方向旋转时，水泵中的冷却液被叶轮带动一起旋转，并在离心力作用下被甩向水泵壳体的边缘，同时产生一定的压力，然后从出水管流出。在叶轮的中心处由于冷却液被甩出而压力下降，散热器中的冷却液在水泵进口与叶轮中心的压差作用下经进水管流入叶轮中心。

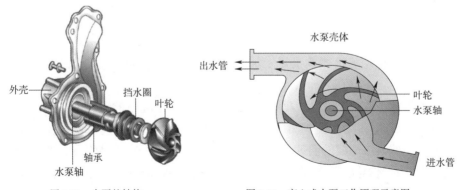

图 2-33 水泵的结构　　　　图 2-34 离心式水泵工作原理示意图

c. 水泵的驱动。

水泵一般由曲轴通过传动带驱动。传动带环绕在曲轴带轮和水泵带轮之间,如图 2-35 所示,因此水泵转速与发动机转速成比例。

⑤节温器。

节温器的功用是根据发动机冷却液温度的高低,自动改变冷却液的循环路线和流量,以使发动机在最适合的温度下工作。

节温器一般安装在水泵的进口或者汽缸盖的出水口。汽车节温器多采用蜡式节温器,根据其原理可以分为传统蜡式节温器和电子节温器两种。

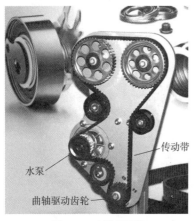

图 2-35 水泵的驱动

a. 传统蜡式节温器。

传统蜡式节温器在汽车上应用最多,其核心部件是蜡质感温元件。传统蜡式节温器的结构如图 2-36 所示。节温器的上支架和下支架与阀座铆成一体。中心杆的上端固定在上支架的中心,其下部插入橡胶管的中心孔内,中心杆下端呈锥形。橡胶管与感应体外壳之间的空腔里装有石蜡。为防止石蜡外溢,外壳上端向内转变,并通过上盖和密封圈将橡胶管压紧在感应体壳的台阶上。外壳上下部有联动的主阀门和旁通阀,主阀门上有通气孔,其作用是在加冷却液时使水套内的空气经小孔排出,保证能加满冷却液。

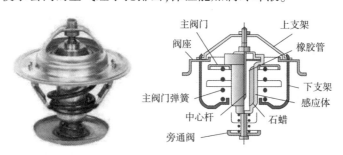

图 2-36 传统蜡式节温器的结构

常温下石蜡呈固态,冷却液温度低于 76℃时,主阀门完全关闭,旁通阀完全开启,实现小循环。当冷却液温度升高到 86℃时,主阀门完全开启,旁通阀完全关闭实现大循环。当冷却液温度在 76~86℃之间时,大小循环同时存在。

b. 电子节温器。

电子节温器是在传统蜡式节温器上加装一个加热电阻(阻值约为 12Ω),它的结构如图 2-37 所示。

电子节温器的工作原理就是根据冷却液温度控制加热电阻的通电电压,当加热电阻通电时就对石蜡加热,石蜡膨胀使阀门发生位移开启,位移量的大小与石蜡的温度高低有关,而石蜡的温度高低与冷却液的温度和加热电阻的工作有关。通过控制电子节温器,发动机 ECU 可对冷却液量进行调节,更精确地控制冷却液的大小循环方式,进而能精细调节发动机冷却液的温度,确保发动机在适合的温度范围内工作,可以起到节约能耗等作用。

模块二 混合动力汽车发动机和驱动电机系统

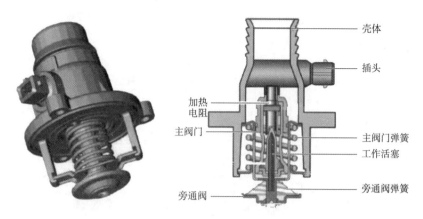

图 2-37 电子节温器的结构

5. 润滑系统

发动机中有许多做高速相对运动的摩擦副,若不进行润滑,将导致发动机功率消耗、零件摩擦生热加剧磨损、发动机寿命下降等严重后果。

(1)润滑系统的功用。

润滑系统的功用是在发动机工作时连续不断地把数量足够、温度适当、洁净的润滑油输送到全部运动件的摩擦表面,并在摩擦表面之间形成油膜,实现液体摩擦,从而达到减小摩擦阻力、降低功率消耗、减轻机件磨损、提高发动机工作可靠性和耐久性的目的。

(2)润滑系统的组成。

润滑系统主要由油底壳、集滤器、机油泵、机油滤清器、油道、机油压力传感器、机油压力警告灯等组成,如图 2-38 所示。

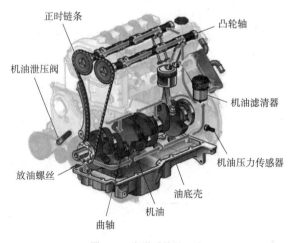

图 2-38 润滑系统的组成

(3)润滑油路。

润滑系统的油路如图 2-39 所示。

油底壳→集滤器→机油泵→机油滤清器→主油道:

第一分路→曲轴主轴承→连杆轴承→机油喷孔→汽缸;

第二分路→凸轮轴轴承→凸轮表面→挺柱。
最后统一回到油底壳。

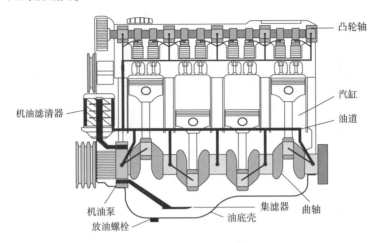

图2-39 润滑系统油路

(4) 润滑方式。

因为发动机传动件的工作条件不尽相同,因此,对负荷及相对运动速度不同的运动件采用不同的润滑方式。

①压力润滑:利用机油泵,将具有一定压力的机油源源不断地送往摩擦表面,例如曲轴主轴承、连杆轴承及凸轮轴轴承、摇臂轴等压力较大的摩擦表面。

②飞溅润滑:利用发动机工作时运动零件飞溅起来的油滴或油雾来润滑摩擦表面的润滑方式,可使裸露在外面承受载荷较轻的(如汽缸壁),相对滑动速度较小的(如活塞销、配气机构的凸轮表面、挺柱等)摩擦表面得到润滑。

③润滑脂(定期)润滑:对于负荷较小的发动机辅助装置则只需定期、定量地加注润滑脂进行润滑,例如水泵及发电机轴承等。

(5) 润滑系统主要部件的构造及工作原理。

①机油泵。

机油泵的功用是在发动机任何转速下,将一定压力和数量的机油输送到各润滑面。它一般安装在曲轴箱内,由曲轴或凸轮轴驱动。

混合动力汽车发动机常用的是转子式机油泵,其结构紧凑、吸油真空度高、泵油量大、供油均匀,对安装位置无特殊要求。

机油泵

转子式机油泵由壳体、内转子、外转子、转子轴和机油泵齿轮等组成,如图2-40所示。

主动的内转子和从动的外转子都装在机油泵壳体中。其中,内转子用键或销子固定在转子轴上,由曲轴直接或间接驱动,外转子在油泵壳体内可自由转动,内、外转子之间有一定的偏心距,且内转子比外转子少一个齿。

如图2-40所示,当内转子旋转时,带动外转子也旋转。转子齿形齿廓的设计使转子转到任何角度时,内、外转子每个齿的齿形齿廓线上总能互相成点接触,这样在内、外转子间便形成四个工作腔。

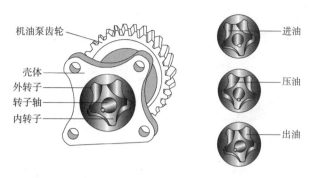

图 2-40 转子泵的结构及工作原理

a. 进油阶段：某一工作腔转过进油口时，转子脱开啮合，容积逐渐增大，产生真空，机油便被吸入。

b. 压油阶段：随着转子继续旋转，机油被带到出油道另一侧，这时转子进入啮合，油腔容积逐渐减小，油压升高。

c. 出油阶段：工作腔转到出油口时，机油被逐渐全部压出，进入油道。

② 集滤器。

集滤器一般是滤网式的，装在机油泵之前，防止较大的机械杂质进入机油泵，可分为浮式和固定式。混合动力汽车发动机一般采用固定式集滤器，其结构简单，固装在机油油面下，吸入的机油清洁度略差，但可防止泡沫吸入。

固定式集滤器由吸油管总成及滤网等组成，如图 2-41 所示。

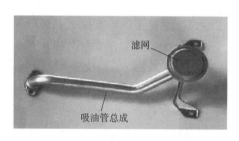

图 2-41 固定式集滤器的组成

③ 机油滤清器。

机油滤清器的功用是滤去机油中所含的金属磨屑、机油氧化物等杂质，保证机油质量。混合动力汽车发动机一般采用全流式机油滤清器，即串联于机油泵和主油道之间，能滤清进入主油道的全部润滑油。

机油滤清器由壳体、止回阀、滤纸、旁通阀等组成，如图 2-42 所示。

a. 机油滤清器的工作原理。

由机油泵输送过来的杂质机油经机油滤清器进油口流入，经过强力磁铁、筛网和滤纸的过滤，干净的机油从出油口输送到发动机油道。

b. 旁通阀的工作原理。

通常情况下，旁通阀是处于关闭状态的。当机油滤清器滤芯严重堵塞或者机油非常黏稠（冷起动、外界低温）时，进油侧压力过大，机油就会顶开旁通阀的弹簧，有一部分机油会直接绕过滤纸从旁通阀进入发动机，确保发动机内部机油的正常供给，防止发动机干摩擦。

c. 止回阀的工作原理。

通常情况下，止回阀是处于开启状态的。当发动机停止运转后，即机油泵停止工作，止回阀关闭,保证机油滤清器及后续润滑系统中的机油不被排空,确保发动机再次起动时尽快建立所需的油压,避免干摩擦。

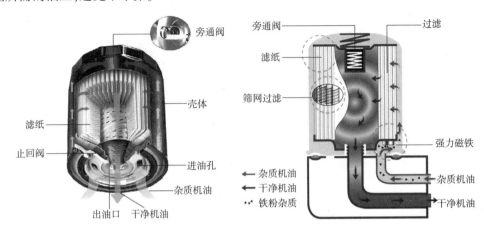

图2-42 机油滤清器的结构

6. 点火系统

汽油发动机需要设置一套独立的系统,用于点燃汽缸内压缩终了时的高温高压的可燃混合气。通过微机控制点火系统得到发动机各种工况下的最佳点火提前角。

能够按时在火花塞两电极间产生电火花的全部装置,称为点火系统。

(1) 点火系统的功用。

点火系统的功用是在发动机各种工况下,在汽缸内适时、准确、可靠地产生电火花,以点燃可燃混合气,使发动机做功。

(2) 点火系统的基本要求。

点火系统应在发动机各种工况和使用条件下保证可靠而准确地点火。为此,点火系统应满足以下基本要求:

①能够产生足以击穿火花塞两电极间隙的电压。为使发动机在各种工况下均能可靠地点火,击穿电压应能达到15~20kV。

②电火花应具有足够的能量。一般应保证50~80mJ的点火能量,起动时应达到大于100mJ的点火能量。

③点火时刻应与发动机的工作状况相适应。为了提高发动机功率,火花塞应在活塞到达上止点之前跳火。从点火时刻起到活塞到达上止点时曲轴转过的角度称为点火提前角。能使发动机获得最佳动力性、经济性和排放性的点火提前角是最佳点火提前角,其影响因素有发动机转速、节气门开度、汽油的抗爆性等。为了获得最佳点火提前角,必须采用各种传感器检测发动机各种状况,然后由ECU控制以得到最佳点火时刻。

(3) 点火系统的组成及工作原理。

目前,混合动力汽车发动机一般采用独立点火系统。

独立点火系统主要由点火开关、传感器、ECU、点火器、点火线圈、火花塞等组成,如图2-43所示。

独立点火系统是每一个汽缸配一个火花塞,每个火花塞配一个点火线圈,每个点火线圈配一个点火器。各个独立的点火线圈直接安装在火花塞上,独立向火花塞提供高压电,各缸直接点火。

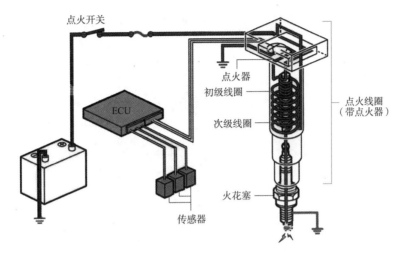

图 2-43 独立点火系统的组成

独立点火系统的工作原理:

①传感器的功用是检测发动机的工况,并将信号传给 ECU。传感器主要有曲轴位置传感器、空气流量传感器、冷却液温度传感器、进气温度传感器、氧传感器、节气门位置传感器、车速传感器、爆燃传感器、空调开关信号等。

②ECU 的功用是根据发动机各传感器输入的信息及内存的数据,进行运算、处理、判断,然后输出指令(信号)控制点火器动作。

③点火器的功用是根据 ECU 输出的指令,通过内部的大功率晶体管的导通和截止,控制点火线圈初级电流的通断,进而使点火线圈的次级产生高电压。

④点火线圈的功用是将低电压转变为高电压。

⑤火花塞的功用是将点火线圈产生的脉冲高电压引入燃烧室,并在两个电极间产生电火花,以点燃可燃混合气。

(4)点火系统内的主要部件。

①点火线圈(带点火器)。

点火线圈(带点火器)的结构如图 2-44 所示。

a. 点火器。

点火器接收到 ECU 的点火信号后,经过自身波形整形电路的信号处理,通过驱动电路控制内部大功率三极管的导通与截止,来控制点火线圈初级线圈电路的通断,使点火线圈产生高压电。

b. 点火线圈。

点火线圈由初级线圈、次级线圈和铁芯等组成。次级线圈用直径为 0.06~0.10mm 的漆包线在绝缘纸管上绕 11000~23000 匝,初级线圈则用直径为 0.5~1.0mm 的漆包线绕 240~370 匝。按磁路的结构形式不同,可分为开磁路点火线圈和闭磁路点火线圈。闭磁路点火线圈在电子点火系统中广泛采用,原因是漏磁少、转换效率高、体积小、质量轻、铁芯裸露易于散热等。

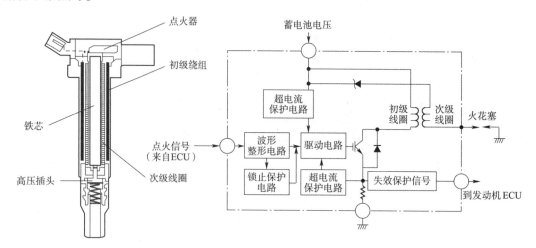

图 2-44 点火线圈(带点火器)的结构

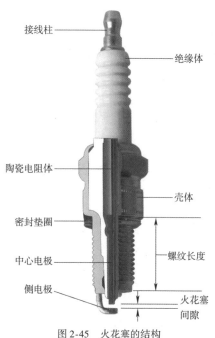

图 2-45 火花塞的结构

② 火花塞。

火花塞由壳体、绝缘体、中心电极、侧电极和密封垫圈等组成,如图 2-45 所示。

火花塞在钢制壳体的内部固定有高氧化铝陶瓷绝缘体,使中心电极与侧电极之间保持足够的绝缘强度。绝缘体的上部装有金属杆,通过接线螺母与高压导线相连,下部装有中心电极。金属杆与中心电极之间用导电玻璃密封。中心电极用镍锰合金制成,具有良好的耐高温、耐腐蚀和导电性能。火花塞借壳体下部的螺纹旋入汽缸盖中,旋紧时密封垫圈受压变形,保证壳体与缸盖之间密封良好。

火花塞的热特性主要取决于绝缘体裙部的长度。绝缘体裙部长的火花塞,受热面积大,传热距离长,散热困难,裙部温度高,称为热型火花塞;反之,裙部短的火花塞,称为冷型火花塞。热型火花塞适用于低速、低压缩比、小功率发动机,冷型火花塞适用于高速、高压缩比、大功率发动机。

火花塞中心电极与侧电极之间的间隙为火花塞间隙。

火花塞间隙对火花塞及发动机的工作性能均有很大影响。间隙过小,火花微弱,并容易产生积炭而漏电;间隙过大,火花塞击穿电压增高,发动机不易起动,且在高速时容易发生"缺火"现象。

单独点火系统的火花塞间隙为 1.0~1.2mm。火花塞间隙的调整可通过扳动侧电极来实现。

7. 起动系统

要使发动机从静止状态过渡到工作状态,必须用外力转动发动机的曲轴,使汽缸内吸入(或形成)可燃混合气并燃烧膨胀,工作循环才能自动进行。曲轴在外力作用下开始转动到发动机开始自动怠速运转的全过程,称为发动机的起动过程。

发动机起动所需的曲轴转速及转矩,分别称为起动转速和起动转矩。混合动力汽车发动机在温度为 0 ~ 20℃时,最低起动转速一般为 30 ~ 40r/min。为了使发动机能在更低的温度下顺利可靠地起动,要求起动转速不低于 50 ~ 70r/min。

(1) 起动系统的功用。
① 起动发动机;
② 发动机起动后,起动机便立即停止工作。
(2) 起动系统的组成。

目前,混合动力汽车发动机都采用电力起动机起动。

起动系统一般由蓄电池、起动机、点火开关等组成,如图 2-46 所示。起动机安装在发动机飞轮壳前端的座孔上。

(3) 起动机。
起动机由直流电动机、传动机构、控制机构等组成,如图 2-47 所示。

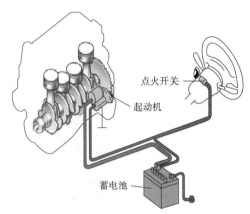

图 2-46 起动系统组成

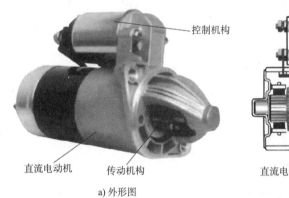

a) 外形图

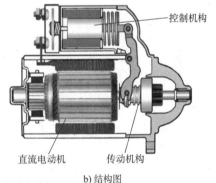

b) 结构图

图 2-47 起动机的组成

① 直流电动机。
直流电动机的作用是在直流电压的作用下产生旋转力矩,将电能转化为机械能。
直流电动机由磁极、电枢、电刷、电刷架和外壳等组成,如图 2-48 所示。
a. 磁极。
磁极的功用是产生磁场,分为永磁极和电磁极两种,电磁极由磁场铁芯和磁场绕组构成,如图 2-49 所示。

铁芯一般由低碳钢制成,并通过螺钉固定在电动机壳体上。磁极一般是 4 个,由 4 个励磁绕组形成两对磁极,两两相对。常见的励磁绕组一般与电枢绕组串联在电路中,故被称为串励式直流电动机。

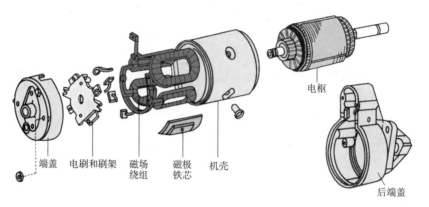

图 2-48　直流电动机的结构

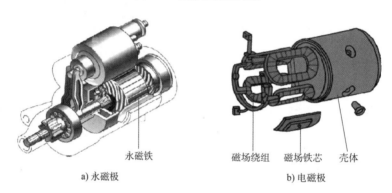

a) 永磁极　　　　　　　　　　b) 电磁极

图 2-49　磁极的结构

b. 电枢。

电枢的功用是产生电磁转矩。它由铁芯、电枢绕组、电枢轴及换向器等组成,如图 2-50 所示。

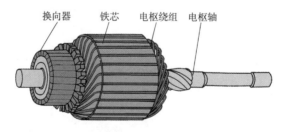

图 2-50　电枢的结构

铁芯由多片相互绝缘的硅钢片叠成。电枢绕组的电流一般为 200～600A,因此电枢绕组采用很粗的扁铜线,一般用波绕法绕制而成。换向器的铜片较厚,相邻铜片之间用云母片绝缘。

c. 电刷和电刷架。

电刷与电刷架的功用是将电流引入电枢,使电枢连续转动。其结构如图 2-51 所示。

电刷一般是用铜和石墨压制而成,有利于减小电阻及增加耐磨性,电刷装在电刷架中,借电刷弹簧的压力紧压在换向器上。

d. 外壳。

外壳的功用是支撑保护内部零部件。它由前端盖、机壳和后端盖等组成,如图2-52所示。

外壳一般由低碳钢卷制而成,或由铸铁铸造而成。

e. 直流电动机的工作原理。

直流电动机的工作原理如图2-53所示,在磁场中(由磁极产出)放置一个线圈(电枢绕组),线圈的两端分别与两片换向片连接,两只电刷分别与两片换向片接触,并与蓄电池的正极或负极接通。

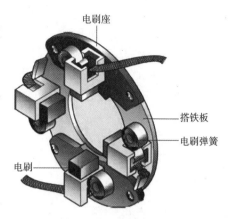

图2-51 电刷与电刷架的结构

图2-52 外壳的组成

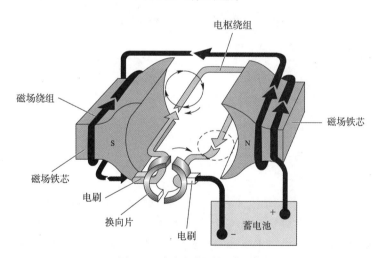

图2-53 直流电动机的工作原理

电流方向为:蓄电池正极→磁场绕组→正电刷→换向片→电枢绕组→负电刷→蓄电池负极。

磁场和电枢绕组中的电流相互作用产生转矩。根据左手定则,当磁场和电流的方向垂直时,会产生最大的转矩。当转子的电流方向与磁场的方向平行时,转矩为零。转矩的方向是逆时针方向,企图使电枢绕组逆时针方向转动。如果此电磁转矩能够克服电枢上的阻力

（例如由摩擦引起的以及其他负载），电枢绕组就能按逆时针方向旋转起来。当电枢绕组转了180°后，经换向片和电刷的配合作用，会使电枢绕组中的电流方向发生改变，产生的电磁转矩的方向仍为逆时针方向，保证了电枢绕组可以持续旋转。

因此，在直流电动机中，换向器和电刷的作用非常重要，它们确保了电枢绕组中电流和磁场之间的正确角度。

② 传动机构。

传动机构的功用是在起动发动机时，将直流电动机产生的电磁转矩传递给发动机的曲轴，使发动机起动。传动机构由驱动齿轮、单向离合器、拨叉和啮合弹簧等组成，如图2-54所示。

单向离合器是超速保护装置，其安装在驱动齿轮与电枢轴之间，在接通起动开关起动发动机时，它将驱动齿轮与电枢轴连成一体，使起动机的电磁转矩通过驱动齿轮和飞轮传递给发动机曲轴。发动机

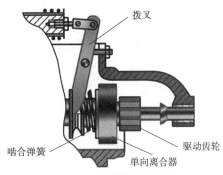

图2-54 传动机构的组成

起动后，它立即将驱动齿轮与电枢轴脱开，防止发动机高速旋转的转矩通过飞轮传递给电枢轴，起到超速保护的作用。

起动机常用的单向离合器有滚柱式、弹簧式和摩擦片式等。

滚柱式单向离合器由外壳、十字块、滚柱、压帽及弹簧等组成，如图2-55所示。

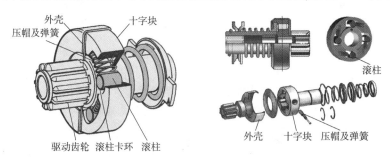

图2-55 滚柱式单向离合器的组成

起动机驱动齿轮与外壳连成一体，花键套筒与十字块连成一体，并通过花键套装在起动机电枢的延长轴上。

接合状态：接通起动开关起动发动机时，电动机的电枢轴连同十字块旋转，滚柱借摩擦力及弹簧推力的作用楔紧在外壳和十字块之间的楔形槽窄端，将外壳和十字块连成一体。于是电动机电驱轴上的转矩通过十字块、楔紧的滚柱传递到外壳上，与外壳连成一体的驱动齿轮随电枢轴一同旋转，驱动飞轮齿圈而使曲轴旋转。

分离状态：发动机起动后，曲轴转速升高，即有飞轮齿圈带动驱动齿轮高速旋转的趋势。此时，虽然驱动齿轮的旋转方向没有改变，但它已由主动轮变为从动轮，而且驱动齿轮和单向离合器外壳的转速超过十字块的转速。于是，滚柱克服弹簧张力的作用向楔形槽中较宽的一端滚动，使外壳、十字块脱离联系而可以自由地相对转动，高速旋转的驱动齿轮与电枢轴脱开，电枢轴仍以正常转速旋转，从而防止了起动机超速。

③控制机构。

控制机构又称电磁开关,它的功用是控制直流电动机电路的接通与切断,同时控制传动装置的拨叉,进而控制驱动齿轮与飞轮齿圈的啮合与分离。

控制机构由电磁铁机构和直流电动机开关两部分组成,如图 2-56 所示。电磁铁机构由活动铁芯、吸拉线圈、保持线圈及复位弹簧等组成。直流电动机开关由接触片、端子 30、端子 50 和端子 C 组成。

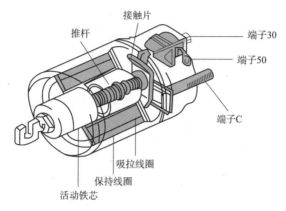

图 2-56 控制机构(电磁开关)的组成

作为操纵元件的活动铁芯通过电磁线圈进行控制。电磁线圈由保持线圈和吸拉线圈两部分组成。吸拉线圈和保持线圈同向绕在黄铜套上。吸拉线圈和电动机电枢绕组串联。保持线圈的一端搭铁,另一端与吸拉线圈接在同一接线柱端子 50 上。在黄铜套内装有活动铁芯,活动铁芯的后端与拨叉的上端相连接,前端中心孔内穿有推杆,推杆端部固定有接触片,用以接通电动机的主电路。拨叉通过销钉支撑在起动机上,拨叉下端插入单向离合器的移动衬套中。

④起动机的工作过程。

起动机控制电路如图 2-57 所示。

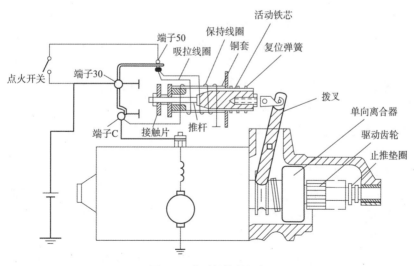

图 2-57 起动机控制电路

a. 不起动发动机时,起动机的驱动齿轮与发动机飞轮齿圈处于分离状态。

b. 当点火开关接通起动挡时,吸拉线圈和保持线圈电流接通,吸拉线圈电流经蓄电池正极→点火开关→起动机端子 50→吸拉线圈→起动机端子 C→直流电动机绕组→搭铁回到蓄电池负极。

保持线圈电流经蓄电池正极→点火开关→起动机端子 50→保持线圈→搭铁回到蓄电池负极。

此时两线圈电流产生的磁力线方向相同,电磁力叠加,吸引活动铁芯向右移动,使推杆上的接触片将电动机开关的触点 30 与 C 接通,从而将电动机电路接通,其电流路径为蓄电池正极→起动机端子 30 及其触点→接触片→起动机端子 C 及其触点→磁场绕组→电枢绕组→搭铁回到蓄电池负极。

c. 当驾驶人松开点火钥匙,点火开关从起动挡自动回到 ON 挡瞬间,起动挡断开,接触片仍将触点接通,吸引线圈和保持线圈通过电流的路径为蓄电池正极→起动机端子 30 及其触点→接触片→起动机端子 C 及其触点→吸拉线圈→起动机端子 50→保持线圈→搭铁回到蓄电池负极。此时两线圈电流产生的磁力线方向相反,电磁力相互削弱,在复位弹簧的张力作用下,活动铁芯等可移动部件自动复位,接触片与触点断开,电动机电路即被切断,起动机停止工作。

二、混合动力汽车驱动电机系统

(一) 驱动电机

1. 混合动力汽车驱动电机的特点

混合动力汽车利用电动机驱动作为辅助动力,来降低燃料消耗和实现"低污染",或在纯电动驱动模式时实现"零污染",同时又必须对电池组的质量和整车的整备质量进行限制,以减轻混合动力汽车的总质量。因此,一般电机只是在混合动力电动汽车发动机起动,车辆起动、加速或爬坡时起作用。混合动力汽车上电动机系统的工作条件以及其工作模式与传统工业电动机相比有着很大的区别,这些区别使得传统工业电动机不适合在汽车使用。与传统工业电动机相比较,混合动力汽车上所使用的电动机系统,有以下特点。

(1) 混合动力汽车上所使用的电动机往往要求频繁起停、频繁加减速以及工作模式的频繁切换(作为电动机使用驱动汽车,以及作为发电机使用实现能量回收及发电的功能),这对电动机的响应性能提出了更高的要求。

(2) 混合动力汽车驱动电机需要有 4~5 倍的过载转矩,以满足短时加速行驶与最大爬坡度的要求;而工业驱动电机只要求有 2 倍的过载转矩就可以了。另外,混合动力汽车驱动电机的最高转速要求达到公路上巡航时基本转速的 4~5 倍,而工业驱动电机只要求达到恒定功率时基本转速的 2 倍。

(3) 由于汽车内部空间紧张,往往要求电动机系统具有体积小、质量轻以及具有较高功率密度和工作效率等性能。另外,相较传统工业电动机而言,混合动力汽车上所使用的电动机系统的工作环境更为恶劣,干扰更大,从而要求它具有更高的可靠性、抗振性和抗干扰性。

(4)传统电动机一般工作在额定工作点附近,而混合动力汽车电动机的工作范围相对较宽,且由于混合动力汽车电动机工作模式的特殊性(电动机的工况经常处于动态变化中),额定功率这个参数对于混合动力汽车所使用的电动机而言,没有特别大的意义,所以对其额定功率的要求并不严格,而在高效工作区间,这个参数则更为实际和重要。

(5)在供电方式上,传统工业电动机有常规标准的电源电,而混合动力汽车电动机所使用的电能来源于蓄电池,且由功率转化器直接提供。另外,电动机的使用电压及形式并不确定,从减少功率损耗及降低电动机逆变器成本的角度而言,一般倾向于使用较高的电压。

由此可知,混合动力汽车对驱动电机系统有着以下特殊要求:频繁切换性能好,比功率大、体积小,抗振性、抗干扰性好,高效工作范围宽,容错能力强,噪声小,以及对电压的波动适应能力强和较低的成本等。

2. 混合动力汽车驱动电机种类

高功率密度、高效率、宽调速的车辆牵引电动机及其控制系统,既是混合动力汽车的心脏又是混合动力汽车研制的关键技术之一。

直流电动机工作原理

混合动力汽车在不同的历史时期采用了不同的电动机,最早是采用了控制性能好和成本较低的直流电动机。随着电子技术、机械制造技术和自动控制技术的发展,交流电机、永磁电机和开关磁阻电机显示出比直流电动机更加优越的性能,这些电动机正在逐步取代直流电机。目前大多数混合动力车辆的动力输出单元均配备永磁同步交流电机,故本章以永磁同步交流电机为主进行阐述。

3. 永磁同步交流电机

永磁同步电机按照定子绕组感应电动势的波形不同,可以分为三相永磁同步电机(Permanent Magnet Synchronous Motor, PMSM)和无刷直流电机(Brushless Direct Current Motor, BLDC)。由于永磁同步电机的超载运转能力强、运转时运行平稳、动态响应快,且其效率和功率因数都比其他电机高,所以永磁同步电机非常适合在负载转矩变化范围较宽的情形下运行。另外,永磁同步电机与电励磁同步电机运行原理虽然相同,但前者以永磁体提供的磁通代替电励磁同步电机的励磁绕组励磁,使用永磁体励磁能够减小转子体积,省去电刷以及集电环,而且不需要励磁电流,省去了励磁损耗,有效提高了电机的工作效率,优点很多。

(1)永磁同步交流电机的基本原理。

永磁同步交流电机的基本原理是利用电机定子的三相电流与电机转子的磁场相互耦合产生电磁转矩,使电机转子转动。永磁同步交流电机定子绕组通入对称的三相交流电路时,其定子将产生恒定转速的旋转磁场。在正常工作情况下,永磁同步交流电机转子转速恒定即为同步转速。

永磁同步交流电机定子通过三相交流电流时即会产生旋转磁场,如果旋转磁场的转速为 n,其旋转频率 $f=1/n$,则永磁同步电机转子转速 n_0 为:

$$n_0 = \frac{60f}{p_\mathrm{m}} \tag{2-1}$$

式中:p_m——永磁同步交流电机的电机极对数目。

当电机转子转速 n_0 小于 n 时,电机为永磁异步电机;当电机转子转速 n_0 等于 n 时,电机为永磁同步电机。

(2)永磁同步交流电机的组成与结构。

永磁同步交流电机的基本组成结构包括转子、定子和机体三部分。一般来说,永磁同步交流电机的最大特点是它的定子结构与普通感应电机的结构非常相似,主要区别在于转子上放有高质量的永磁体磁极。由于在转子上安放永磁体的位置有很多选择,所以永磁同步交流电机通常会被分为三大类:表面安装式、内嵌安装式以及内置安装式,如图 2-58 所示。

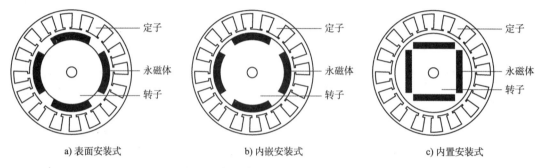

图 2-58 永磁同步交流电机内部结构分类

表面安装式永磁同步交流电机没有凸极效应,具有较大的气隙。大的气隙削弱了电机的电枢反应效应,因此这种电机被限制应用在低转速区域和恒定转矩区域。内嵌式永磁同步交流电机同样具有较小和平滑的气隙,而内置式永磁同步交流电机则完全克服了上述二者的缺点:由于永磁体埋到转子的内部,因此内置式永磁同步交流电机的气隙更小更平滑。同时基于永磁体的安装方式,电机的交直轴磁阻不同,因此电机除了永磁转矩还会产生磁阻转矩。在上述三种类型的永磁电机中,内置式永磁同步交流电机性能最好,所以这种电机能被应用到高转速和高性能需求的场合。

(3)永磁同步交流电动机发电模式的工作原理。

永磁同步交流电机发电模式产生交流电是由于电磁感应原理,具体地说交流发电机是利用转子旋转产生磁场,使穿过定子绕组的磁通量发生变化,在定子绕组内产生交流感应电动势。图 2-59 所示为交流发电机的工作原理图。

交流电动机工作原理

当励磁绕组有电流通过时,便产生磁场,转子轴上的两个爪极分别磁化为 N 极和 S 极。当转子旋转时,磁极交替地在定子铁芯中穿过,形成一个旋转的磁场,磁力线和定子绕组之间产生相对运动,在三相绕组中产生交流感应电动势。

①转子。

转子主要用来建立磁场,它由两块爪极、励磁绕组、集电环和铁芯等组成,如图 2-60 所示。两块爪极相互啮合压装在转子轴上,其内腔装有导磁用的铁芯,称为磁轭,其上绕有励磁绕组。励磁绕组两端引线分别焊在彼此绝缘的两个集电环上,两个集电环与装在后端盖上的两个电刷相接触。

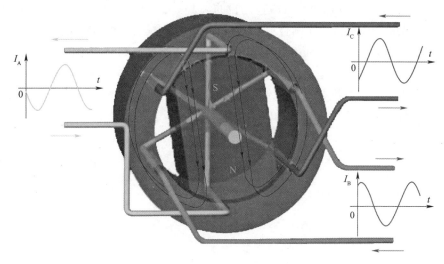

图 2-59 交流发电机的工作原理示意图
I_A-A 相电流；I_B-B 相电流；I_C-C 相电流

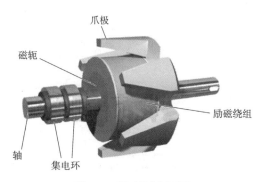

图 2-60 转子结构原理图

②定子。

定子又称作电枢，是产生交流电的部件，其主要由定子铁芯及定子三相绕组组成。定子铁芯由相互绝缘的内圆带槽环形硅钢片叠成。定子槽内置有三相对称绕组，三相绕组分别有星形接法和三角形接法两种连接方式，如图 2-61 所示。

在三相绕组中所产生的电动势是对称电动势，即其大小相等、电位差相互相差 120°电角度。为了保证三相绕组中所产生的电动势是对称的，三相绕组在定子槽中的绕法必须满足：a. 每相绕组线圈的个数、匝数及大小必须相等，这样可以保证每相绕组所产生的电动势大小相等；b. 三相绕组的首端 U、V、W 在定子槽内的排列的间隙必须是 120°电角度。

(二) 电机控制器

电机控制器作为整个驱动系统的控制中心，它由逆变器和控制器两部分组成，如图 2-62 所示。逆变器接收动力蓄电池输送过来的直流电能，之后逆变成三相交流电给汽车提供电能。控制器接收电机转速等信号反馈到仪表板，当发生加速、爬坡或制动行为时，控制器控制变频器的升降,从而达到加速或者减速的目的。上一小节中提到,永磁同步交流电机包括三相永磁同步电机(PMSM)和无刷直流电机(BLDC),其中三相永磁同步电机控制器采用脉冲宽度调制(Pulse Width Modulation,PWM)方式实现高压直流到三相交流电源的变换,采用变频调速方式实现电机的调速。无刷直流电机控制通常采用"弱磁调速"方式实现电机的控制。由于三相永磁同步电机驱动系统低速转矩脉动小且在高速恒功率区调速更稳定,因此较无刷直流电机驱动系统具有更好的应用前景。

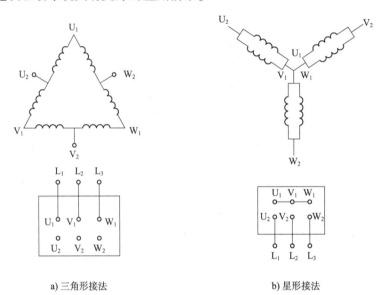

a) 三角形接法　　　　　　　　　　b) 星形接法

图 2-61　定子绕组的连接方式

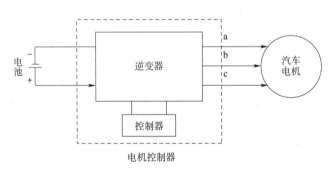

图 2-62　汽车电机控制器拓扑图

1. 电机控制器系统的基本组成

以某款新能源汽车为例,其永磁同步电机控制系统组成框图如图 2-63 所示。图中主要包含动力蓄电池模块、控制策略模块、逆变器模块、永磁同步电机模块及 CAN 总线模块。为了控制电路中电流的变化,搭建 PI 双闭环反馈控制模型。根据电流期望值与实际值间的误差 e,使 SVPWM 生成模块进行实时调节,控制生成频率的大小,从而达到控制电机转速,进而控制车速的目的。

2. 逆变器的基本工作原理

在电机控制中三相逆变器是最重要的部分。它主要的功能是将动力蓄电池输入的直流电(DC)转换为三相交流电(AC),其主回路电路如图2-64所示。

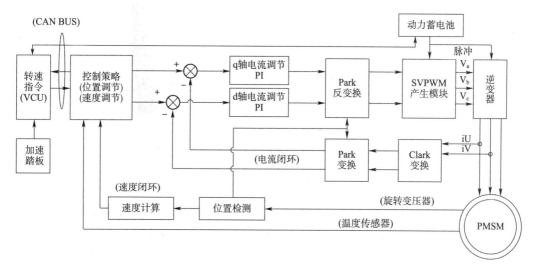

图 2-63　永磁同步电机控制系统组成框图

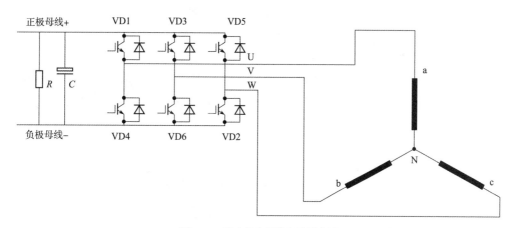

图 2-64　逆变器主回路电路原理图

在逆变器主回路电路中包括6个绝缘栅双极型晶体管(Insulated Gate Bipolar Transistor, IGBT)及三相输出线,每一相输出线与正负直流母线之间各连接一只IGBT功率开关管。连接正极母线的IGBT功率管与输出端的节点称为上桥臂,连接负极母线的IGBT功率管与输出端节点称为下桥臂,每一相的上、下桥臂统称为半桥。

为了能够将输入的直流变成交流电,6个IGBT会从VD1～VD6依序循环地导通和关闭,并依次间隔60°顺序导通(或关断),三相的相位差为120°,也就是说和第一相上桥臂导通(或关断)时刻间隔120°的IGBT为第二相的上桥臂,和第二相上桥臂导通(或关断)时刻间隔120°的IGBT为第三相的上桥臂。当然,某一相的上桥臂导通区间内下桥臂是不可以导通的,即完全关断状态。当上桥臂导通180°后立刻关断,这视为此相的正半波,另外在上桥臂关断时刻起导通并经过180°即为此相的下桥臂。图2-65所示为逆变器三相输出波形图。

动力蓄电池输出的直流电能经过逆变器,其每一相间隔120°的循环输出就产生了交流电能,连接永磁同步电机后即会在电机内部建立旋转的磁场,从而使电机转子可以旋转并对外做功。

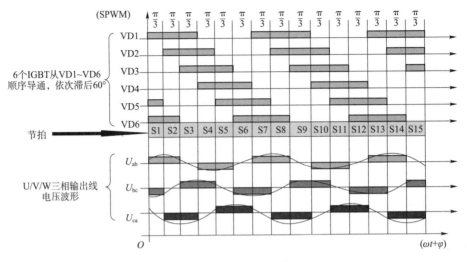

图2-65 逆变器输出原理及波形图

3. 电机控制器可变电压系统

(1)电压升压控制(供电)。

为了使车载蓄电池输出电压满足电机的工作电压,需要对蓄电池输出电压进行升压调节。电机控制器中的升压转换器由一组绝缘栅双极晶体管和一个电抗器构成,如图2-66所示。

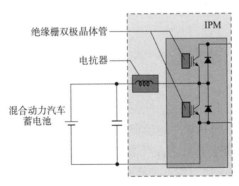

图2-66 升压转换器结构示意图

当混合动力汽车蓄电池输出固定的直流电压时,其中一个绝缘栅双极晶体管处于闭合状态,电流流经电抗器中的电感线圈,一部分能量储存在电感线圈中,如图2-67a)所示;当绝缘栅双极晶体管关断后,电流被截止,此时电感线圈内部磁场发生变化,所感应出的电流就被二极管引导给电容器充电,如图2-67b)所示。

(2)电压降压控制(充电)。

混合电动汽车的电机具有可逆性,即电机通过控制器的作用在特定条件下可以转变成发电机运行,将电机制动产生的回馈电能充入车载动力蓄电池中,同样需要电机控制器的可变电压系统。与升压控制相似,其工作原理如图 2-68 所示。

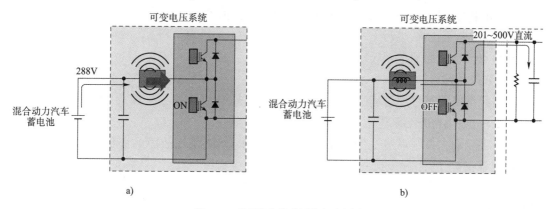

图 2-67　升压转换器升压状态示意图

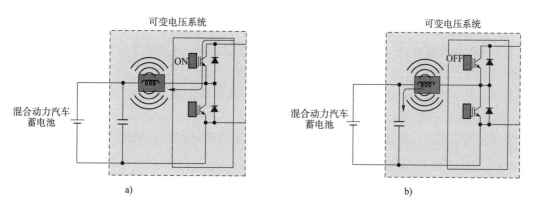

图 2-68　降压工作原理示意图

当车辆制动时,电机内部转子切割定子磁力线产生的交流电能通过逆变器变为直流电能,此时可变电压系统中上部的绝缘栅双极晶体管打开,电感线圈感应到电流的变化并储存部分电能,如图 2-68a) 所示;而后可变电压系统中上部的绝缘栅双极晶体管关闭,电感线圈阻碍电流的变化而向电容充电,如图 2-68b) 所示。而后再由电容器向混合动力汽车蓄电池充电。

三、混合动力汽车发动机和驱动电机系统检修

(一)发动机系统故障排除步骤

(1)根据客户描述,确认故障现象,分析故障原因。

(2)使用智能诊断仪,检查故障码并保存定格数据。

(3)如果车辆有故障码,查找对应维修资料并对照故障码表,逐步确定故障的部位及修理方法。

(4)如果车辆没有故障码,对发动机系统进行以下项目的基本检查,确定故障部位。

1)检查辅助蓄电池电压

(1)如果电压异常,对辅助蓄电池进行充电或更换辅助蓄电池。

(2)如果电压正常,进行下一项。

2)检查发动机曲轴是否转动

(1)如果曲轴转动异常。

①按照维修资料对发动机机械部分进行人工检查,如果检查结果异常,确定故障的部位及修理方法,如果检查结果正常,进行下一步。

②对混合动力控制系统进行检查,如果检查结果异常,确定故障的部位及修理方法,如果检查结果正常,进行下一步。

③对发动机 ECU 进行检查,检查 ECU 的电路,确定故障的部位及修理方法。

(2)如果曲轴转动正常,进行下一项。

3)检查发动机是否起动

(1)如果发动机起动异常。

①按照维修资料对燃油供给系统进行燃油压力测试,如果测试结果异常,确定故障的部位及修理方法,如果测试结果正常,进行下一步。

②对点火系统进行火花及点火正时测试,如果测试结果异常,确定故障的部位及修理方法,如果测试结果正常,进行下一步。

③对进气系统进行检查,如果检查结果异常,确定故障的部位及修理方法,如果检查结果正常,进行下一步。

④对发动机汽缸压力进行测试,确定故障的部位及修理方法。

(2)如果发动机起动正常,进行下一项。

4)检查发动机运转是否正常

(1)如果发动机运转异常。

①按照维修资料对燃油供给系统进行燃油压力测试,如果测试结果异常,确定故障的部位及修理方法,如果测试结果正常,进行下一步。

②对点火系统进行火花及点火正时测试,如果测试结果异常,确定故障的部位及修理方法,如果测试结果正常,进行下一步。

③对进气系统进行检查,如果检查结果异常,确定故障的部位及修理方法,如果检查结果正常,进行下一步。

④对发动机汽缸压力进行测试,确定故障的部位及修理方法。

(2)如果发动机运转正常,则故障排除步骤结束。

(二)驱动电机系统故障排除步骤

(1)根据客户描述,确认故障现象,分析故障原因。

(2)使用智能诊断仪,检查故障码并保存定格数据。

(3)如果车辆有故障码,查找对应维修资料并对照故障码表,逐步确定故障的部位及修理方法。

(4)如果车辆没有故障码,对驱动电机控制系统电路进行排查,逐步确定故障的部位及修理方法。

(三)发动机和驱动电机系统检修注意事项

1. 发动机系统检修注意事项

(1)不要随意将电控燃油喷射系统的任何零部件或接插件从其安装位置上拆下,以免意外损坏或水分、油污等异物进入接插件内,影响电控燃油喷射系统的正常工作。

(2)当断开和接上接插件时,一定要将点火开关置于关闭位置,否则会损坏电器元件。

(3)在进行故障的热态工况模拟和其他有可能使温度上升的维修作业时,决不要使电子控制单元的温度超过80℃。

(4)燃油供给系统的供油压力较高,所有燃油管路都是采用耐高压燃油管。即使发动机没有运转,油路中也保持较高的燃油压力。所以在维修过程中要注意不要轻易拆卸油管,在需对燃油供给系统进行维修的场合,拆卸油管前应对燃油供给系统进行卸压处理,卸压方法如下:拆下燃油泵继电器,起动发动机使其怠速运转,直到发动机自行熄灭。

(5)油管的拆卸和燃油滤清器的更换应在通风良好的地方由专业维修人员进行。

(6)从燃油箱中取下电动燃油泵时不要给燃油泵通电,以免产生电火花,引起火灾。

(7)燃油泵不允许在干态下或水里进行运转试验,否则会缩减其使用寿命,另外燃油泵的正负极切不可接反。

(8)对点火系统进行检查时,只有在必要的时候才进行跳火花检测,并且时间要尽可能短,检测时不能打开节气门,否则会导致大量未燃烧的汽油进入排气管,损坏三元催化转换器。

(9)连接蓄电池时蓄电池的正负极不能接错,以免损坏电子元件。

(10)发动机运转时,不允许拆卸蓄电池电缆。

(11)在汽车上实施电焊前,必须将蓄电池正极、负极电缆线及电子控制单元拆卸下来。

(12)不要用刺穿导线表皮的方法来检测零部件输入输出的电信号。

2. 驱动电机系统检修注意事项

(1)维修人员必须经过高压电安全的专业训练后,方可工作。

(2)车辆高压系统线路和连接器均为橙色,注意与普通线路进行区分。

(3)在检查或维修高压系统之前,务必遵守所有的安全措施。例如佩戴绝缘手套、使用绝缘工具。

(4)按照维修规范进行高压电断电,确认安全后方可进行检查或维修。

(四)发动机和驱动电机系统检查项目

1. 燃油压力测试

(1)卸掉燃油管路里的压力。

(2)连接燃油压力表(图2-69)。

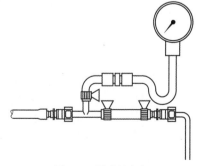

图2-69 燃油压力表

(3)连接智能诊断仪,执行主动测试功能,使燃油泵持续工作。

(4)测量燃油压力。

标准燃油压力值:3~9MPa(参照比亚迪唐DM-i)。

如果燃油压力值大于标准值,则更换燃油压力调节器总成。

如果燃油压力值小于标准值,则需要对燃油供给系统进行检查。

(5)退出智能诊断仪的主动测试功能,使燃油泵停止工作。

(6)将发动机置于维护模式。

(7)起动发动机,测量怠速时燃油压力。

标准燃油压力值:3~9MPa(参照比亚迪唐DM-i)。

(8)停止运转发动机,检查并确认燃油压力保持规定值至少5min。

标准燃油保持压力:3MPa或更高(参照比亚迪唐DM-i)。

如果结果不正常,则需要对燃油供给系统进行检查。

(9)拆下燃油压力表。

2. 燃油泵的检查

(1)电阻检查。

使用万用表的电阻挡测量端子1、2间的电阻(图2-70)。

标准电阻值:在20℃条件下,0.2~3Ω(参照比亚迪唐DM-i)。

如果结果不正常,则更换燃油泵总成。

(2)通电测试。

在两个端子间施加辅助蓄电池电压(注意:通电时间不要超过10s),确认其工作正常。

如果工作不正常,则更换燃油泵总成。

3. 喷油器检查

(1)电阻检查。

使用万用表的电阻挡测量端子1和2间的电阻(图2-71)。

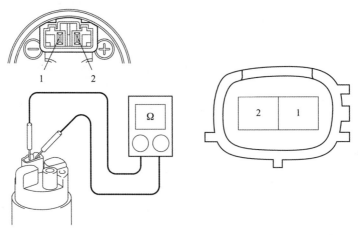

图2-70 燃油泵电阻测量　　图2-71 喷油器电阻测量

标准电阻值:在20℃条件下,1.83Ω(参照比亚迪唐DM-i)。

如果结果不正常,则更换喷油器总成。

(2)工作情况检查。

①如图 2-72 所示,连接喷油器并放到量筒里。

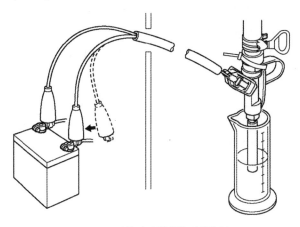

图 2-72　连接喷油器并放到量筒里

②连接智能诊断仪,执行主动测试功能,使燃油泵持续工作。

③给喷油器通电 15s,并用量筒测量喷油量。

标准值:60~73cc(参照比亚迪唐 DM-i)。

各喷油器总成喷油量差:13cc 或更小(参照比亚迪唐 DM-i)。

如果工作不正常,则更换喷油器总成。

4. 火花测试

(1)拆下全部的点火线圈和火花塞。

(2)断开喷油器连接器。

(3)将发动机置于维护模式。

(4)将火花塞一端连接到点火线圈,另一端搭铁(图 2-73)。

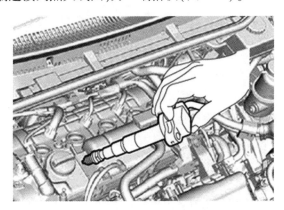

图 2-73　火花塞连接到点火线圈

(5)起动发动机(不要超过 2s),确认各火花塞产生的火花正常。

如果结果不正常,则检查点火系统。

(6)连接喷油器连接器,安装全部的火花塞和点火线圈。

5. 火花塞检查

(1)电阻检查。

使用万用表电阻挡测量绝缘电阻。

标准值:10MΩ或更大(参照比亚迪唐DM-i)。

如果结果不正常,则用火花塞清洁器清洁火花塞,并再次测量,如果仍不正常,则更换火花塞(图2-74)。

(2)电极间隙检查。

使用专用工具测量火花塞两个电极的间隙(图2-75)。

火花塞标准值:0.8~0.9mm(参照比亚迪唐DM-i)。

如果结果不正常,则更换火花塞。

6. 汽缸压力测试

(1)将发动机暖机然后停机。

(2)拆下连接器并拆下点火线圈。

(3)拆下火花塞。

(4)安装汽缸压力表(图2-76)。

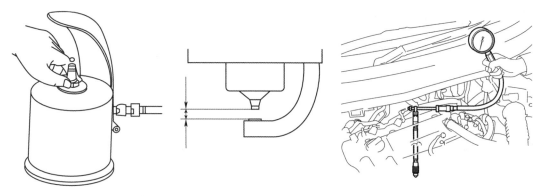

图2-74　更换火花塞　　　图2-75　火花塞电极间隙　　　图2-76　安装汽缸压力表

(5)将加速踏板踩到底并使发动机运转。

(6)测量汽缸压力。

标准压缩压力:1.0~1.5MPa(参照比亚迪唐DM-i)。

各汽缸间的压差:≤0.1MPa(参照比亚迪唐DM-i)。

如果汽缸压力不在标准范围或各缸压差大于极限值,则对发动机进行维修。

(7)安装火花塞。

7. 驱动电机高压电缆检查

(1)绝缘性检查。

①车辆安全性断电。

②断开驱动电机侧高压电缆连接器。

③使用万用表分别测量高压电缆U、V、W端与车身搭铁的电阻。

标准值:5MΩ 或更大(参照比亚迪唐 DM-i)。
如果结果小于标准值,则更换高压电缆。
(2)导通性检查。
①车辆安全性断电。
②断开高压电缆两侧连接器。
③使用万用表分别测量高压电缆 U、V、W 两端电阻。
标准值:小于1Ω(参照比亚迪唐 DM-i)。
如果结果大于标准值,则更换高压电缆。

技能实训

一、智能诊断仪在混合动力汽车发动机系统上的应用

(一)准备工作

(1)场地设施:装有尾气抽排系统和消防设施的场地。
(2)设备设施:比亚迪唐 DM-i 汽车、车轮挡块、防护套件、智能诊断仪。

(二)实训过程

(1)安装车内及车外车辆防护套件。
(2)安装尾气抽排管。
(3)安装车轮挡块。
(4)打开驾驶侧车门,确认驻车制动开启。
(5)安装诊断接头。
(6)将点火开关置于 ON 挡。
(7)打开智能诊断仪。
(8)进入发动机系统。
(9)读取并记录故障码。
(10)清除故障码。
(11)读取并记录发动机数据流。
(12)将点火开关置于 OFF 挡。
(13)拔下诊断接头。
(14)收起车内及车外车辆防护套件。
(15)收起尾气抽排管。
(16)收起车轮挡块。

二、混合动力汽车发动机的机油压力测量

(一)准备工作

(1)场地设施:装有尾气抽排系统和消防设施的场地。
(2)设备设施:比亚迪唐 DM-i 汽车、车轮挡块、防护套件、机油压力表。

(二)实训过程

(1)安装车内及车外车辆防护套件。
(2)安装尾气抽排管。
(3)安装车轮挡块。
(4)拆下机油压力开关。
(5)通过专用转接器将燃油压力表和机油压力开关安装孔相连。
(6)起动发动机至正常工作温度(≥80℃)。
(7)将发动机转速提升到 3000r/min。
(8)读取燃油压力表的读数(标准值为 360~500kPa)。
(9)熄灭发动机并冷却。
(10)拆下燃油压力表和转换器。
(11)在机油压力开关螺纹上均匀地涂抹厌氧性管螺纹密封胶(图 2-77)。

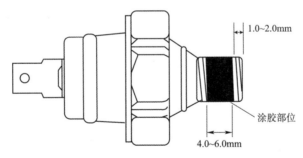

图 2-77 涂抹密封胶

(12)安装机油压力开关(注意:安装好机油压力开关后 1h 内不要起动发动机)。
(13)连接机油压力报警器线束接头。
(14)起动发动机检查机油是否渗漏。
(15)收起车内及车外车辆防护套件。
(16)收起尾气抽排管。
(17)收起车轮挡块。

三、混合动力汽车发动机电子节温器的检测

(一)准备工作

(1)场地设施:举升机、装有尾气抽排系统和消防设施的场地。
(2)设备设施:比亚迪唐 DM-i 汽车、车轮挡块、防护套件、智能诊断仪。

(二)实训过程

(1)安装车内及车外车辆防护套件。
(2)断开蓄电池负极电缆。
(3)举升车辆。
(4)排放发动机冷却液。
①拆下储液罐盖。
②拆下散热器排放塞。
③拆下发动机冷却液排放塞。
④安装散热器排放塞。
⑤安装发动机冷却液排放塞。
(5)降下车辆。
(6)拆卸电子节温器盖,旋下电子节温器盖螺栓取下电子节温器(图 2-78)。

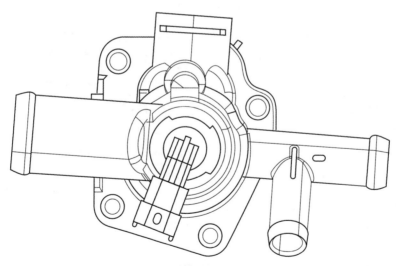

图 2-78 取下电子节温器

(7)电子节温器的检查。
①目测检查电子节温器是否符合要求(表 2-3)。电子节温器上有标识注明开启温度,如果所使用的电子节温器其上的标识与本款发动机不一致,则更换电子节温器。

电子节温器要求　　　　　　　　　　　　表2-3

项目	要求
无电开启温度(℃)	96±2℃
无电全开温度(℃)	109±2℃
全开行程(mm)	≥8
最大行程(mm)	135℃时,14

②检查电子节温器的初开全开温度。

如不符合,则更换电子节温器。

(8)安装电子节温器并固定电子节温器盖螺栓。

(9)安装电子节温器盖。

(10)添加冷却液。

将新的冷却液添加到储液罐的B线(图2-79)。

(11)安装储液罐盖。

(12)起动发动机并充分暖机。

(13)对冷却系统进行放气。

①节温器打开时,使冷却液循环数分钟。

②发动机暖机后,使其怠速运转7min或更长。

③用手按压散热器进水和出水软管数次以放气。

(14)将点火开关置于OFF挡,等发动机冷却后,检查并确认冷却液液位处于FULL和LOW之间(图2-80)。

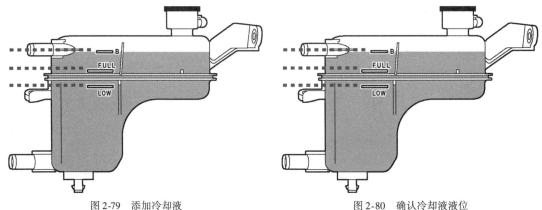

图2-79　添加冷却液　　　　　　图2-80　确认冷却液液位

(15)收起车内及车外车辆防护套件。

(16)收起尾气抽排管。

四、混合动力汽车电机控制器的更换

(一)准备工作

(1)场地设施:举升机、装有尾气抽排系统和消防设施的场地。

(2)设备设施:比亚迪唐 DM-i 汽车、车轮挡块、防护套件、万用表、高压防护套装、绝缘工具。

(二)实训过程

(1)安装车内及车外车辆防护套件。
(2)高压下电操作。
①将点火开关置于 OFF 挡。
②断开辅助蓄电池负极端子电缆。
③等待 10min。
(3)排放电机控制器冷却液。
①拆下电机控制器储液罐总成上的储液盖。
②拆下电机控制器冷却液排放塞,排放冷却液。
③安装电机控制器冷却液排放塞。
(4)降下车辆。
(5)拆卸电机控制器高压导线。
注意:佩戴绝缘手套。
(6)拆卸电机控制器。
①拆卸侧盖板紧固螺钉,卸下侧盖。
②拆卸铜排连接螺栓。
注意:使用磁性套筒,避免螺栓掉入总成内部。
③拆卸电机控制器与变速器紧固螺栓。
④缓慢垂直向上分离电机控制器与变速器,避免折断或折弯装配定位销与导向柱。
⑤拆下导电胶并作废。
注意:不得再次装配使用。
(7)安装电机控制器。
①安装新的导电胶。
②按照定位销与导向柱,缓慢安装电机控制器。
③安装电机控制器与变速器紧固螺栓。
④安装铜排连接螺栓。
⑤安装侧盖,安装侧盖板紧固螺钉。
(8)安装电机控制器高压导线。
注意:佩戴绝缘手套。
(9)加注电机控制器冷却液并放气。
(10)收起车内及车外车辆防护套件。
(11)收起尾气抽排管。

模块小结

(1)发动机一般是将液体燃料或气体燃料和空气混合后直接输入机器内部燃烧产生热

能,热能再转变为机械能。常见的混合动力汽车发动机使用的是四冲程往复活塞式汽油发动机。

(2)四冲程往复活塞式汽油发动机在一个工作循环内,活塞在汽缸内要经过四个行程,依次是进气行程、压缩行程、做功行程和排气行程。

(3)奥托循环的发动机压缩比都等于膨胀比,阿特金森循环的发动机膨胀比大于压缩比。

(4)混合动力汽车发动机由两大机构和五大系统组成,两大机构是指曲柄连杆机构和配气机构,五大系统是指燃料供给系统、冷却系统、润滑系统、点火系统和起动系统。

(5)曲柄连杆机构由机体组、活塞连杆组和曲轴飞轮组三部分组成。

(6)配气机构由气门组和气门传动组组成。

(7)汽油机燃料供给系统由汽油供给装置、空气供给装置和电子控制装置组成。

(8)混合动力汽车发动机采用水冷方式,即以冷却液为介质,利用水泵提高冷却液的压力,强制冷却液在发动机内循环流动。

(9)发动机冷却系统由水套(机体和汽缸中)、水泵、散热器、冷却风扇、节温器、膨胀水箱(补偿水箱)及其他附属装置等组成。

(10)润滑系统主要由油底壳、集滤器、机油泵、机油滤清器、油道、机油压力传感器、机油压力警告灯等组成。

(11)独立点火系统主要由点火开关、传感器、电子控制单元(ECU)、点火器、点火线圈、火花塞等组成。

(12)起动系统一般由蓄电池、起动机、点火开关等组成。

(13)起动机由直流电动机、传动机构、控制机构等组成。

(14)永磁同步电机按照定子绕组感应电动势的波形不同,可以分为三相永磁同步电机和无刷直流电机。

(15)永磁同步电机的基本原理是利用电机定子的三相电流与电机转子的磁场相互耦合产生电磁转矩,使电机转子转动。

(16)永磁同步电机的基本组成结构包括转子、定子和机体三部分。

(17)永磁同步电机发电模式产生交流电是由于电磁感应原理,具体地说交流发电机是利用转子旋转产生磁场,使穿过定子绕组的磁通量发生变化,在定子绕组内产生交流感应电动势。

(18)电机控制器作为整个驱动系统的控制中心,它由逆变器和控制器两部分组成。

(19)逆变器主要的功能是将动力蓄电池输入的直流电(DC)转换为三相交流电(AC)。

(20)维修人员必须经过高压电安全的专业训练后,方可工作。

(21)在检查或维修高压系统之前,务必遵守所有的安全措施。例如佩戴绝缘手套、使用绝缘工具。

(22)按照维修规范进行高压电断电,确认安全后方可进行检查或维修。

思考与练习

(一)填空题

1.发动机工作循环由_____、_____、_____、_____四个工作行程组成。

2. 发动机由_____和_____两大机构,_____、_____、_____、_____、_____五大系统组成。

3. 曲柄连杆机构由_____、_____、_____三部分组成。

4. 永磁同步电机按照定子绕组感应电动势的波形不同,可以分为_____和_____。

5. 永磁同步电机由于在转子上安放永磁体的位置不同,可分为_____、_____和_____。

6. 永磁同步电动机的基本组成结构包括_____、_____和_____三部分。

7. 电机控制器作为整个驱动系统的控制中心,它由_____和_____两部分组成。

8. 高压系统线束的颜色是_____。

9. 在进行拆除维修塞操作时,应佩戴_____进行防护。

10. 使用_____测量高压线束的绝缘性。

(二)判断题

1. 阿特金森循环的发动机膨胀比小于压缩比。( )
2. 发动机排量就是发动机的汽缸工作容积。( )
3. 配气机构由气门组和气门传动组组成。( )
4. 混合动力汽车发动机冷却系统一般采用风冷方式。( )
5. 永磁同步电机发电模式产生交流电是由于电磁感应原理。( )
6. 逆变器主要的功能是将三相交流电(AC)转换为直流电(DC)。( )
7. 高压系统断电后,可以马上进行维修操作。( )
8. 电机控制器不需要进行水冷散热。( )
9. 混合动力汽车维修作业中不必使用绝缘手套。( )

(三)简答题

1. 简述混合动力汽车发动机燃料供给系统的工作过程。
2. 科技兴则民族兴,科技强则国家强,请你从这一角度谈一谈如何培养科技创新意识。
3. 永磁同步电机的优点有哪些?
4. 电机控制器的作用是什么?
5. 永磁同步电机中的定子三相绕组的接法包括哪些?
6. 逆变器的工作原理是什么?

模块三
混合动力汽车传动系统

学习目标

知识目标
1. 了解混合动力汽车不同工况下的工作模式；
2. 描述混合动力汽车不同工况下动力传动路线；
3. 掌握混合动力汽车传动系统的组成。

技能目标
1. 会检查、更换传感器；
2. 能够检查、更换驱动桥油；
3. 熟练检查、更换半轴及护套。

素质目标
1. 通过认识比亚迪混合动力汽车传动系统的发展历程，养成独立思考的习惯；
2. 通过小组实训作业，培养学生们互帮互助、团结协作的精神，树立强烈的安全意识；
3. 通过应用混合动力汽车维修手册，认真严谨地规范操作，培养良好的工作习惯；
4. 通过查找维修手册作业项目，培养学生查找资料和自主学习的能力。

▶ 建议课时：18 课时。

一、混合动力汽车传动系统概述

混合动力汽车传动系统是从动力源的输出端到汽车驱动轮之间所有动力传递装置的总称。目前，混合动力汽车的动力源通常有两个：使用燃料的内燃机和使用动力蓄电池的电机。它们的动力输出特性差别很大，所以它们的变速器差别很大，但是其他总成是相同的。

（一）混合动力汽车传动系统的功能

汽车传动系统的作用是将输出的动力传给驱动车轮，并改变转速、转矩的大小，以适应行驶条件的需要，保证汽车正常行驶。汽车行驶的需求包括：

（1）对转速、转矩的需求变化，由变速器和减速器满足；
（2）对车辆转向驱动的需求，由万向节、半轴来满足；

(3)对左、右车轮转速的差异变化的需求,由差速器来满足。

(二)混合动力汽车传动系统的工作模式

混合动力汽车布置形式比内燃机汽车灵活,变化很快,所以各个品牌车辆布置也都不相同,我们以比亚迪混合动力汽车为例,认识混合动力汽车传动系统的工作模式。

目前比亚迪混合动力汽车已经发展到第五代了。第一代DM(Dual Modle)混合动力系统的设计理念是节能省油,现在比亚迪DM已经发展到第五代了,有DM-i和DM-P两种,比亚迪DM-i(Dual Modle-inteligent)就是智能化,而DM-P(Dual Modle-Power)则是强调动力性。比亚迪第三代DM混动汽车进行了进化升华,通过增加大功率电机和大容量电池,使得发动机成为动力的辅助部件,最终达到多用电、少用油的效果。2021年,比亚迪重磅推出第四代混合动力技术DM-i,搭载秦PLUS、宋PLUS和唐等车型上市。BYD DM-i超级混动专用发动机及系统方案将以电为主,由专用的高效发动机、全新的EHS电混系统、自主研发的控制系统以及比亚迪最新推出的专用的刀片电池组成。DM-i超级混动专用发动机及系统方案以电为主的混合动力技术,动力系统及控制系统100%自主研发。第五代DM技术是比亚迪2024年5月28日发布的插电混动技术,拥有全球最高46.06%发动机热效率,百公里亏电油耗2.9L,综合续驶里程2100km。第五代DM技术热管理架构采用全新第二代电池脉冲自加热,升温速度提升60%;全新第二代电池直冷系统带来45%均温性提升,可节省34%能耗。百公里加速时间7.5s,NEDC百公里亏电油耗2.9L,CLTC电耗10.7kW·h/100km。它以"快、省、静、顺、绿"五大维度突破,这得益于以电为主的动力架构、全温域整车热管理架构、智电融合电子电气架构赋予的技术基底。

比亚迪DM混动系统的工作模式有以下五种。

(1)纯电模式:在起步与低速行驶时,驱动电机由动力蓄电池供能驱动车辆。

(2)串联模式:发动机带动发电机发电,通过电控系统将电能输出给驱动电机,直接用于驱动车轮。在中低速行驶或者加速时,若SOC(电池电荷状态)值较高,则整车控制策略会将驱动切换为纯电模式,发动机停机。若SOC值较低,则控制策略会使发动机工作在油耗最佳效率区,同时将富余能量通过发电机转化为电能,暂存到电池中,实现全工况使用不易亏电。

(3)并联模式:当整车行驶功率需求比较高时(例如高速超车或者超高速行驶),发动机会脱离经济功率,此时控制系统会让电池在合适的时间介入,提供电能给驱动电机,与发动机形成并联模式。

(4)发动机直驱模式:在高速巡航的时候,通过EHS(电混系统)内部的离合器模块将发动机动力直接作用于车轮,将发动机锁定在高效率区,同时,为了避免发动机能量的浪费,发电机和驱动电机随时待命,在发动机功率有富余时,及时介入将能量转化为电能,存储在电池中,提高整个模式内能量利用率。

(5)动能回收模式:当制动时,动能通过驱动电机进行回收。

二、混合动力汽车传动系统的组成

混合动力汽车传动系统组成及各部件的作用

不同类型的混合动力汽车传动系统的组成不完全相同,在车上的布置也不一样。根据

动力源不同,传动系统分两种情况:

(1)由动力蓄电池作为动力源,电动机将电能转化为动能时,其传动系统由减速器、差速器、万向节和半轴等组成。减速器用来增大转矩,差速器用来实现车辆行驶时,左、右车轮在任何情况下都能实现纯滚动,避免拖滑。

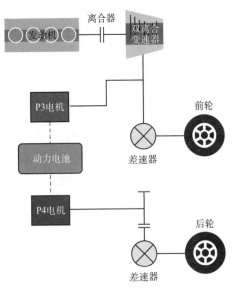

图3-1 四轮驱动混合动力汽车结构示意图

(2)由内燃机作为动力源时,其传动系统由变速器、减速器、差速器和半轴等组成。其变速器更多地采用双离合变速器和无级变速器,应用了这两种变速器经济性好、动力输出平顺的优点。

对于四轮驱动汽车,传统内燃机汽车需要分动器,把内燃机动力分成两部分,一部分动力传递到前桥两轮,一部分动力传递到后桥两轮。四轮驱动的混合动力汽车不再需要分动器了,通过图3-1可以看出,这是因为混合动力汽车有两个动力源。

以下介绍混合动力汽车传动系统的构成。

(一)变速器

变速器是用来弥补内燃机动力不足和旋转方向单一的缺陷,例如:内燃机只能顺时针旋转,无法满足汽车前进和倒退的需要;另外,内燃机的输出转矩比较小,但是转速可以很大,所以需要通过改变转速来满足提高转矩的需要,以提高汽车的动力性。变速器按照操纵方式可以分为手动变速器和自动变速器。混合动力汽车都采用自动变速器,因为有电机的介入,它的变速器变得更加简单,有的车上甚至取消变速器,例如比亚迪唐就没有变速器,只有减速器来增加转矩。但是,大部分混合动力汽车上还有变速器,所以本模块介绍两种混合动力汽车上用得比较多的两种自动变速器:双离合变速器和无级变速器。

1. 双离合变速器

双离合变速器(Dual Clutch Transmission,DCT),也称直接换挡变速器(Direct Shift Gearbox,DSG),这种变速器发明于1940年的德国,其设计目的是消除"换挡时的牵引力中断"现象。双离合变速器具有换挡速度快、省油、换挡舒适性好和机械效率高等特点,在近年来得到广泛使用。

双离合变速器认识

(1)双离合变速器的基本结构。

双离合变速器主要由两个离合器、机械变速器(内部有两根输入轴)、双离合变速器液压系统和机械电子控制模块(包括液压控制系统、变速器控制单元和换挡结构等)等组成,如图3-2所示为奥迪7速双离合变速器。

(2)双离合变速器的工作原理。

如图3-3所示(发动机前置前轮驱动),发动机动力从双质量飞轮传输至双离合变速器。在双离合变速器内,在奇数挡位下(1挡、3挡、5挡和7挡),驱动力从离合器1传输至内部输入轴 1。在偶数挡位和倒车挡下(2 挡、4 挡、6 挡和 R 挡),驱动力从离合器 2 传输至内部输入轴 2,并从此处传输至齿轮组。例如从 1 挡换为 2 挡时,就会提前通过相应换挡鼓挂入 2 挡。如果此时离合器 1 分离且离合器 2 接合,驱动力就会从内部输入轴 1 转移到内部输入轴 2 上,这样可在几乎不中断牵引力的情况下挂入预选的 2 挡。无论是在提供动力还是在换挡舒适性方面,双离合变速器都具有明显优势,动力传递几乎没有中断,效率和换挡舒适性都会获得提升。

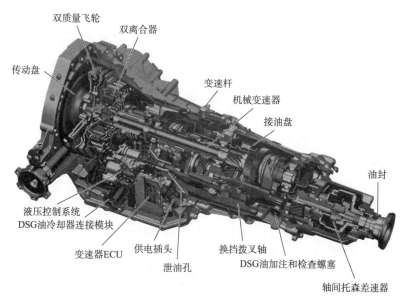

图 3-2 奥迪 7 速双离合变速器

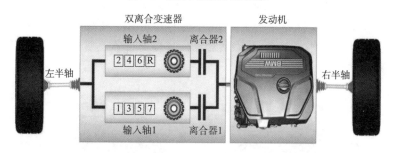

图 3-3 双离合变速器工作原理

(3)双离合变速器的结构类型。

①湿式双离合器。

湿式双离合器为一大一小两组同轴安装在一起的多片式离合器,分别连接 1 挡、3 挡、5 挡、7 挡齿轮和 2 挡、4 挡、6 挡、倒挡齿轮。"湿式"是指双离合器安装于一个充满 DSG 油的封闭油腔里。这种湿式结构具有更好的调节能力和优异的热容性,因此能够传递比较大的转矩。

②干式双离合器。

干式双离合器由两个尺寸相近的离合器片与中间盘同轴相叠安装组成。位于中间盘两侧的两个离合器片分别连接 1 挡、3 挡、5 挡、7 挡齿轮和 2 挡、4 挡、6 挡、倒挡齿轮,两个离合器片分别与中间盘"接合"或"分离",通过切换离合器片位置来进行转矩输出。因为它的双离合器不像湿式双离合器那样安装于封闭油腔里,因此被称为干式双离合器。

与湿式双离合器相比,干式双离合器具有从动部分转动惯量小、散热性好、结构简单、成本相对较低等优点,同时避免了湿式双离合器分离时空转滑磨损失、离合器冷却及控制油液等因素引起的系统效率降低的缺点,进一步提高了燃油经济性。但是,干式双离合器自身结构的固有特性使它能够承受的最大转矩比湿式双离合器要低,多配置在较小排量的发动机上,而且还存在着离合器摩擦散热和变速器控制机构的控制难点。近年来随着该类变速器成熟度的大幅提升,其不足正在明显减少。

(4)双离合变速器的控制方式。

①电液控制式。

湿式双离合器控制执行机构采用电动液压泵驱动 DSG 油,将其输送到离合器内的压力室,驱动活塞动作,推动离合器片实现接合与分离动作。而干式双离合器则采用电机液压泵驱动 DSG 油,用集成各种电磁阀的滑阀箱来控制离合器的操作臂和换挡拨叉。

②电动控制式。

福特 6DCT250 和大众 DQ200 变速器所采用的双离合器模块都是由著名的双离合器生产商 LuK 生产的。由于双离合器是 LuK 公司根据大众公司或者福特公司的需求定制的,所以在结构上会稍有不同,但在工艺上差别不大。福特公司的 DPS6 型双离合变速器,使用 4 个电机来控制 2 个离合器操作臂和 4 个换挡拨叉。离合器 C1、离合器 C2 的驱动电机是直接由变速器 ECU 控制的,通过对离合器驱动电机的转动方向(正转、反转)、转速和力度的控制,就能够完成离合器的接合、半接合和完全分离等动作。

(5)双离合变速器的传动路线(以大众 0AM 双离合 7 速变速器为例)。

①大众 0AM 双离合变速器结构。

大众 0AM 双离合变速器是干式 7 速双离合变速器,其控制方式为电液控制式,驾驶时有高舒适感、无牵引力中断现象、自动换挡和操作简便等优点。其整体结构如图 3-4 所示。

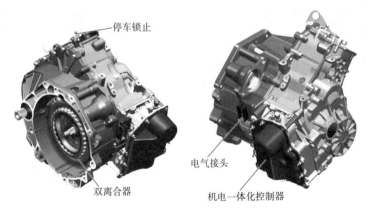

图 3-4　大众 0AM 双离合变速器整体结构

发动机转矩从固定在曲轴上的双质量飞轮传递到双离合器。为此,双质量飞轮上装有内齿,它们和双离合器支承环(托环)上的外齿互相啮合,从这里将转矩传递至双离合器,如图 3-5 所示。

大众0AM双离合变速器双离合器结构如图3-6所示,由离合器K1和离合器K2组成。当发动机关闭或怠速时,两个离合器都处于打开状态;当车辆运行时,两个离合器中只有一个处于闭合状态。离合器的接合和分离由机电一体化控制器控制电磁阀进而控制液压机构,最终推动K1或者K2的启动杆实现。

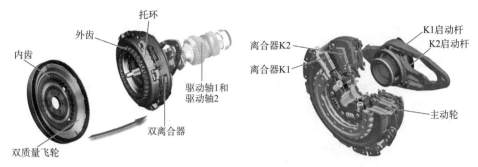

图 3-5　大众0AM双离合变速器动力传递　　　图 3-6　大众0AM双离合变速器双离合器结构

0AM双离合变速器内部由两根驱动轴(输入轴)、三根从动轴(输出轴)和差速器等组成。驱动轴1和驱动轴2结构位置如图3-7所示,驱动轴1从驱动轴2内部穿过,驱动轴1上有1挡、3挡、5挡和7挡输入齿轮,驱动轴2上有2挡、4挡、6挡和倒挡输入齿轮。

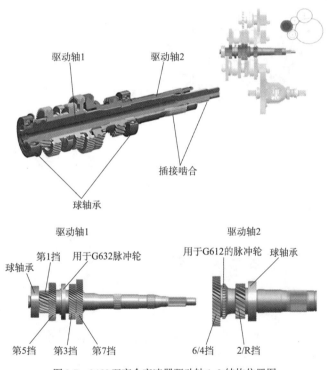

图 3-7　0AM双离合变速器驱动轴1、2结构位置图

0AM双离合变速器三根从动轴结构位置如图3-8所示,从动轴1上有1挡、2挡、3挡和4挡的从动齿轮,并且具有换挡操纵机构1/3挡同步器和2/4挡同步器。从动轴2上有5挡、6挡、7挡和倒挡从动齿轮,并且具有换挡操纵机构5/7挡同步器和6/R挡同步器。从动

轴3上有倒挡换挡齿轮和倒挡换挡同步器，还具有P挡驻车锁止止动轮。如图3-8所示，三根从动轴右端都有一个从动齿轮，这三个从动齿轮都跟差速器大齿轮（图3-9中用于轴驱动的齿轮）啮合，实现动力从三根从动轴传递到差速器的作用，差速器结构位置如图3-9所示，差速器后面详细讲解。

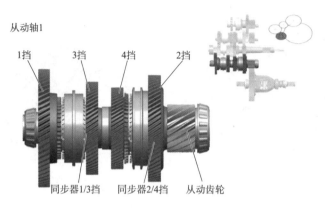

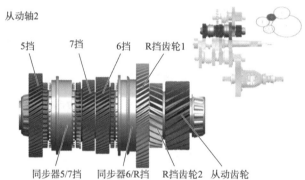

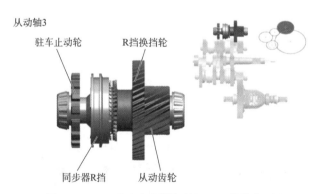

图3-8　0AM双离合变速器从动轴1、2、3结构位置图

②大众0AM双离合变速器动力传递路线。

大众0AM双离合变速器包含两个独立的驱动轴，从功能上来讲，每个输入轴匹配一个离合器，两个离合器都是干式离合器，离合器K1接合后动力传递到驱动轴1，离合器K2接合后动力传递到驱动轴2。根据切换的挡位，机电一体化控制器控制离合器的打开和闭合。通过离合器K1，驱动轴1和从动轴1、2切换1、3、5和7挡。通过离合器K2，驱动轴2以及

从动轴 1、2、3 切换 2、4、6 和倒挡。其位置关系如图 3-10 所示。在一个离合器接合一个挡位在传递动力的同时,另外一个离合器一直处于打开状态,临近挡位可以在另一个齿轮副中挂入,各挡位动力传递线如图 3-11 所示。

图 3-9　0AM 双离合变速器差速器结构位置图

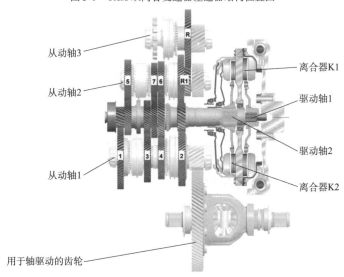

图 3-10　0AM 双离合变速器齿轮机构位置关系

③大众 0AM 双离合变速器电液控制系统。

机电装置单元(机电一体化控制器)是变速器的核心控制单元,如图 3-4 所示。此单元中,电子控制单元 J743 和电子液压式控制单元合并成为一个部件。机电装置单元安装在变速器凸缘上,是一个自动化单元。它拥有独立的机油循环管路,独立于机械式变速器的机油循环管路,确保没有杂质从机械式变速器进入机电装置单元。

机电装置的电子控制单元 J743 是变速器的核心控制单元,所有传感器信号和其他控制单元的信号都汇总至此,且所有程序都通过它来执行和监测。电子控制单元内集成了 11 个传感器,只有变速器输入转速传感器 G182 位于控制单元的外面,如图 3-12 所示。其中,传感器 G632 检测驱动轴 1 的转速,传感器 G612 检测驱动轴 2 的转速,传感器 G182 用于检测离合器前变速器输入转速信号,电子控制单元 J743 会比较位于离合器前部的变速器输入转速传感器 G182 的信号和传递驱动轴速度的传感器 G612 和 G632 的信号,来控制离合器并计算摩擦力。

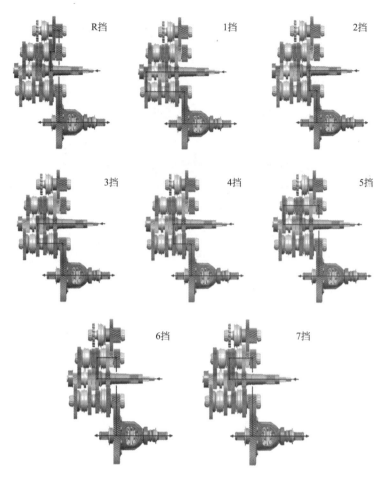

图 3-11 0AM 双离合变速器各挡位动力传递路线

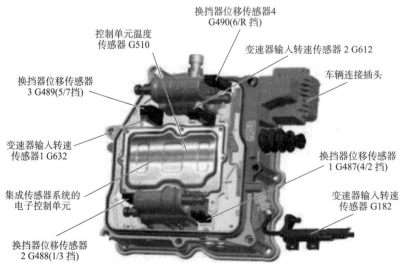

图 3-12

模块 三 混合动力汽车传动系统

图 3-12 0AM 双离合变速器传感器位置

电子控制单元通过调节 8 个电磁阀（执行器）控制液压，用于切换 7 个挡位和启用离合器，如图 3-13 所示。当一个挡位啮合时，电子控制单元 J743 监控（匹配）各个离合器的位置和换挡器的位置，判断这些元件的下一步的操作。

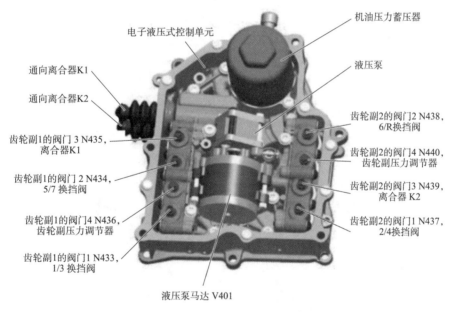

图 3-13 0AM 双离合变速器电磁阀位置

机电装置单元（机电一体化控制器）内置一个液压电机带动液压泵产生机油压力，一个机油压力蓄压器用来确保在电磁阀里总存在有效的机油压力，蓄压器的储量为 0.2L，如图 3-14 所示。双离合变速器使用两种机油，并在两套独立的机油循环管路中进行运作，一种用于机械式变速器的机油循环管路，一种用于机电装置单元的机油循环管路，每套机油循环管路使用的机油都满足各自特殊的要求。其机电装置单元的机油循环如图 3-15 所示。

和传统的手动变速器一样，该变速器也使用换挡拨叉进行换挡，每个换挡拨叉切换两个挡位，如图 3-15 所示。当要换挡时，换挡拨叉通过集成在机电装置单元中的挡位调节器来移动。换挡活塞与换挡拨叉相连，换挡时，机油压力（机油压力由电子控制单元 J743 控制相应的电磁阀实现)作用到换挡活塞上,并将它推动。当它移动时,也同时移动了换挡拨叉和活动套,活动套启动同步器轮毂,该挡啮合。电子控制单元J743通过换挡器位移传感器监测换挡拨叉的最新位置。

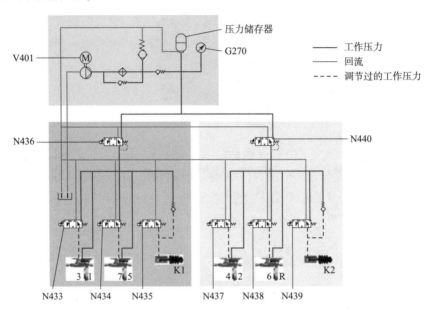

图3-14　0AM双离合变速器机电装置单元的油路循环

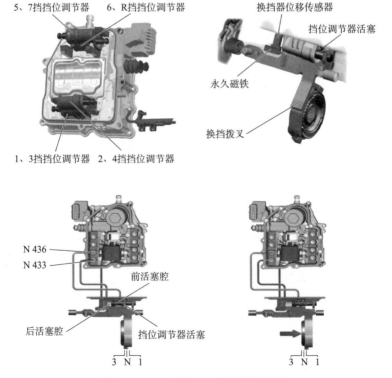

图3-15　0AM双离合变速器挡位调节原理

离合器 K1 和 K2 都是电子液压控制的,机电装置单元为每个离合器配了一个离合器操控器,一个离合器操控器中包括一个离合器驱动汽缸和一个离合器操控活塞,离合器操控活塞控制离合器分离杠杆,如图 3-16 所示。离合器操控活塞带有一个永久磁铁,便于离合器动态传感器监测活塞的位置,为了防止监测活塞位置的传感器功能削弱,驱动气缸和操控活塞必须是无磁力的。

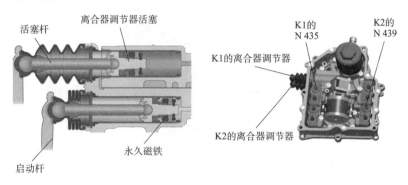

图 3-16　0AM 双离合变速器离合器电液控制

如果要启用离合器 K1,电子控制单元 J743 控制电磁阀 N435。当启用时,它打开通向离合器操控器的机油通道,在离合器操控活塞的尾部建立起机油压力,离合器操控活塞移动,通过离合器分离杠杆启用离合器 K1,离合器 K1 闭合。控制单元 J743 通过离合器动态传感器 1(G167)接收到有关离合器精确位置的信号,离合器滑动,即变速器输入转速和驱动轴转速的速度差,通过电磁阀 N435 控制离合器驱动装置和回流之间的机油压力来实现。

2. 无级变速器

无级变速器(Continuously Varable Transmission,CVT)与其他类型变速器相比,省去了复杂而笨重的齿轮组合,以两组金属带轮通过改变驱动轮与从动轮的传动半径完成传动比的变换。该带轮系统可以在最高挡位和最低挡位之间提供无限的可变性,而没有运转不连续的感觉或换挡过程,使得汽车在行驶过程中能平稳地自动换挡,没有车速突变的感觉。CVT 具有的传动比连续改变的特点,使汽车获得传动系统与内燃机工况的最佳匹配,提高了车辆行驶的燃油经济性和动力性。

(1)基本结构。

CVT 的结构包括动力连接装置(液力变矩器、前进挡离合器、倒挡制动器和起步离合器)、无级变速机构(主动带轮组、从动带轮组、传动带)、行星齿轮机构、中间齿轮组和电液控制模块等,如图 3-17 所示。

(2)无级变速器的工作原理。

CVT 的变速机构里,传统变速器的齿轮被一对带轮和一条钢制传动带所取代,每个带轮其实是由两个锥形盘组成的 V 形结构。主动带轮组和从动带轮组都由可动盘和固定盘组成,工作缸侧的带轮为可动盘,可以在轴上滑动,另一侧带轮固定。可动盘与固定盘都是锥面结构,它们的锥面实现 V 形槽与 V 形传动带啮合。锥形带轮可在液压缸的推力作用下收紧或张开,挤压钢质传动带,以此来调节 V 形槽的宽度。当锥形带轮向内侧移动收紧时,钢质传动链在锥盘的挤压下向圆心以外的方向(离心方向)运动,相反会向圆心以内运动,如图3-18所示。

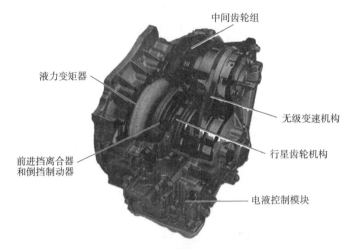

图3-17 无级变速器的基本结构

图3-18 无级变速器的变速传动原理

在车辆行驶时,发动机曲轴动力传递到CVT的主动带轮,通过钢制传动带带动从动带轮,最后经减速器、差速器将动力传递给驱动轮,驱动汽车行驶,实现动力传输的顺畅。

(3)无级变速器的动力传递路线(以本田冠道CVT为例)。

①前进挡动力传递路线。

向前进挡离合器施加液压,然后前进挡离合器通过主动带轮轴与前进挡离合器毂/太阳齿轮接合。主动带轮轴驱动通过钢带连接的从动带轮轴。从动带轮轴通过二级主动齿轮驱动二级从动齿轮。动力传至主减速器主动齿轮,进而驱动主减速器从动齿轮。如图3-19所示为无级变速器前进挡动力传递路线。

在低速范围内,主动带轮接收的压力小于从动带轮接收的压力,主动带轮皮带轮直径较小,传动比大。

在高速范围内,车速增加,主动带轮压力通过CVT驱动轮压力控制电磁阀增加,从动带轮压力通过CVT从动轮压力控制电磁阀减小。主动带轮接收的压力比从动带轮接收的压力高,主动带轮皮带轮直径较大,传动比小。

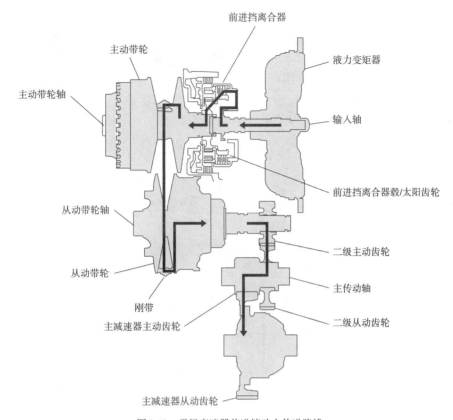

图 3-19 无级变速器前进挡动力传递路线

②倒挡动力传递路线。

液压施加至倒挡制动器,行星齿轮架锁止倒挡制动器。齿圈与前进挡离合器毂相接合,输入轴通过行星小齿轮驱动太阳轮。太阳齿轮以输入轴旋转方向的反方向转动,并驱动主动带轮轴。主动带轮轴驱动通过钢带连接的从动带轮轴。从动带轮轴通过二级主动齿轮驱动二级从动齿轮,动力传送到主减速器主动齿轮上,并驱动主减速器从动齿轮。如图 3-20 所示为无级变速器倒挡动力传递路线。

(4)无级变速器的电液控制系统(以本田冠道 CVT 为例)。

①液压控制系统。

CVT 液压控制系统是通过变速器控制模块(TCM)、变速器油泵、阀体内的阀和电磁阀进行控制的。变速器油泵由发动机驱动,驱动链轮和变矩器壳体连接在一起,随着发动机转动而转动,并驱动带有变速器油泵驱动链的变速器油泵从动链轮。变速器油泵向液压回路供应液压。变速器油泵的液体流到各控制阀、驱动/从动轮、前进挡离合器和倒挡制动。无级变速器阀体总成如图 3-21 所示。

②电子控制模块。

CVT 电子控制模块(TCM)由控制单元、传感器和执行器组成。CVT 控制系统包括换挡控制、皮带轮压力控制、离合器压力控制、锁止控制、变速器油泵压力控制和指示灯控制。TCM 通过切换换挡电磁阀和 CVT 皮带轮控制电磁阀来控制换挡位置和锁止变矩器离合器。

若要减小钢带打滑和增加钢带寿命,TCM 计算传感器和开关的信号,激活皮带轮压力控制电磁阀以取得最优皮带轮压力。当皮带轮比高(低车速)时,高液压作用在从动轮的可动表面上,并减小驱动轮的有效直径,更低的液压作用在驱动轮的可动表面上以消除钢带打滑。当皮带轮比低(高车速)时,高液压作用在驱动轮的可动表面上,并减小从动轮的有效直径,更低的液压作用在从动轮的可动表面上以消除钢带打滑。TCM 通过比较实际行驶状况和所记忆的行驶状况来控制换挡,并迅速从各传感器和开关发送的信号来确定皮带轮比,从而激活 CVT 驱动轮压力控制电磁阀和 CVT 从动轮压力控制电磁阀以控制到轮的压力。CVT 电液控制系统如图 3-22 所示。

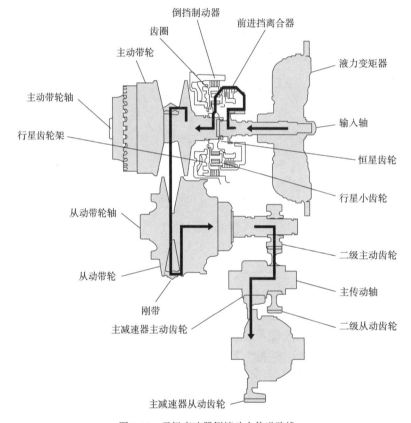

图 3-20　无级变速器倒挡动力传递路线

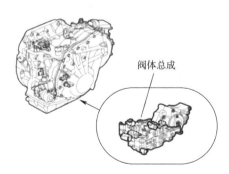

图 3-21　无级变速器阀体

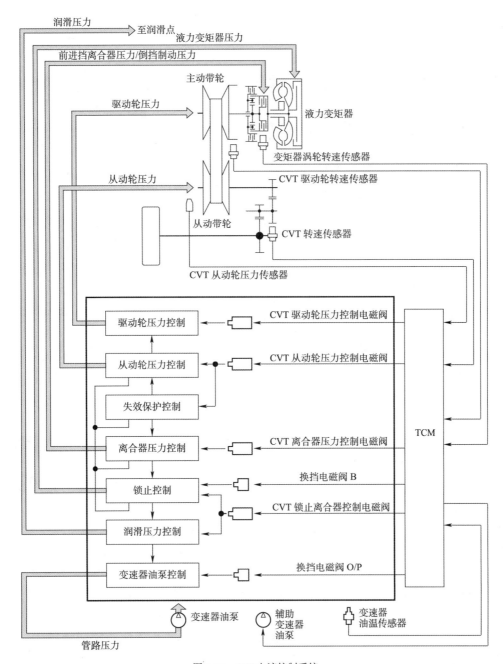

图 3-22 CVT 电液控制系统

CVT 传感器由液力变矩器涡轮转速传感器、CVT 驱动轮转速传感器、CVT 转速传感器、油温传感器、CVT 驱动带轮压力传感器、CVT 从动带轮压力传感器和挡位开关组成。挡位开关位置如图 3-23 所示，传感器位置如图 3-24 所示。

CVT 执行器由辅助变速器油泵、换挡电磁阀 O/P、换挡电磁阀 B、驱动轮压力控制电磁阀、从动轮压力控制电磁阀、锁止离合器控制电磁阀和离合器压力电磁阀等组成，如图 3-25 所示。

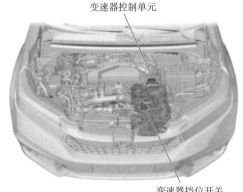

图 3-23 CVT 挡位开关位置

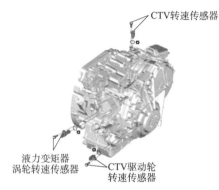

图 3-24 CVT 传感器位置

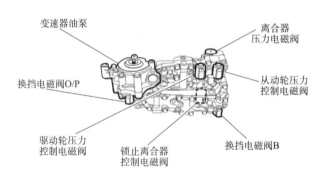

图 3-25 CVT 执行器位置

(二) 减速器

1. 功用

减速器是电动汽车或混合动力汽车的部件,在内燃机汽车上通常称为主减速器,它们的作用是一样的,主要包括:①把动力传给差速器;②降低转速,增大转矩,提高汽车的动力性;③对于纵置发动机,将转矩的方向改变90°,以满足汽车行驶的需要。

主减速器的组成和工作原理

2. 类型

内燃机汽车的主减速器类型很多,包括单级和双级,还有单速和双速的。目前,混合动力乘用车主要用单速单级减速器。单速单级减速器结构很简单,就是用一对大小不同的圆柱或圆锥齿轮完成降速增矩传动,在此就不再赘述。

(三) 差速器

1. 差速器的功用

差速器的功用是将减速器传来的动力传给左、右两半轴,并在必要时允许左、右半轴以不同转速旋转,使左、右驱动车轮相对地面纯滚动而不是滑动。汽车行驶过程中,车轮相对路面有两种运动状态:滚动和滑动。滑动又有滑转和滑移两种。设车轮中心相对路面的速度为 v,车轮旋转角速度为 ω,车轮滚动半径为 r。如果 $v = \omega r$,则车轮对路面的运动为滚动,这是最理想的运动状态;如果 $\omega > 0$,但 $v = 0$,则车轮的运动为滑转;如果 $v > 0$,但 $\omega = 0$,则车轮的运动为滑移。

当汽车转弯行驶时,内外两侧车轮中心在同一时间内移过的曲线距离显然不同,即外侧车轮移过的距离大于内侧车轮,如图 3-26 所示。若两侧车轮都固定在同一刚性转轴上,两轮角速度相等,则此时外轮必然是边滚动边滑移,内轮必然是边滚动边滑转。

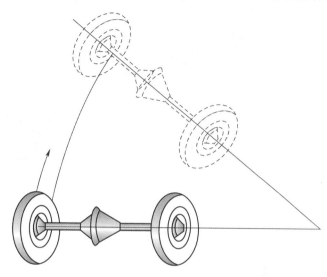

图 3-26 汽车转向时驱动车轮的运动示意图

同样,汽车在不平路面上直线行驶时,两侧车轮实际移过的曲线距离也不相等。因此,在角速度相同的条件下,在波形较显著的路面上运动的一侧车轮是边滚动边滑移,另一侧车轮则是边滚动边滑转。即使路面非常平直,但由于轮胎制造尺寸误差,磨损程度不同,承受的载荷不同或充气压力不等,各个轮胎的滚动半径实际上不可能相等,因此,只要各轮角速度相等,车轮对路面的滑动就必然存在。车轮对路面的滑动不仅会加速轮胎磨损,增加汽车的动力消耗,而且可能导致转向和制动性能的恶化。所以,在正常行驶条件下,应使车轮尽可能不发生滑动,差速器的作用就在此。

差速器的组成
和工作原理

2. 差速器的类型

差速器按其工作特性可以分为普通差速器和防滑差速器两种。

1)普通差速器

安装在左、右两轮之间的差速器称为轮间差速器,外形如图 3-27 所示。

(1)差速器结构。

差速器由差速器壳、行星齿轮轴、行星齿轮、两个半轴齿轮、复合式推力垫片等组成。行星齿轮轴嵌入差速器壳体后用止动销定位。行星齿轮和半轴齿轮的背面制成球面,与复合式的推力片相配合,以减少摩擦、磨损,其结构如图 3-28 所示。它的动力传递路

图 3-27 差速器外形图

线为:(减速器从齿轮)→差速器壳→行星齿轮轴→行星齿轮→半轴齿轮→(半轴)。

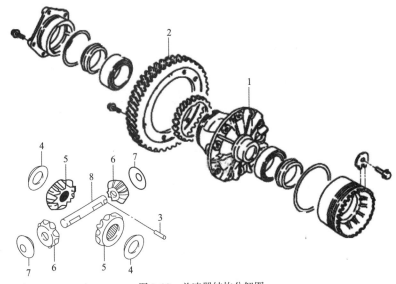

图3-28 差速器结构分解图

1-差速器壳;2-减速器从动齿轮;3-定位销;4-半轴齿轮垫片;5-半轴齿轮;6-行星齿轮;7-行星齿轮垫片;8-行星齿轮轴

(2)工作原理。

减速器传来的动力带动差速器壳(转速为 n_0)转动,经过行星齿轮轴、行星齿轮、半轴齿轮、半轴(转速分别为 n_1 和 n_2),最后传给两侧驱动车轮。差速器的工作原理如图3-29和图3-30所示。

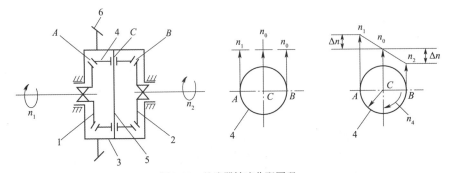

图3-29 差速器转速分配原理

1、2-半轴齿轮;3-差速器壳;4-行星齿轮;5-行星齿轮轴;6-主减速器从动齿轮

①汽车直线行驶时。

此时两侧驱动车轮所受到的地面阻力相同,并经半轴、半轴齿轮反作用于行星齿轮两啮合点 A 和 B(图3-29)。这时行星齿轮相当于等臂杠杆,即行星齿轮不自转,只随差速器壳和行星齿轮轴一起公转,两半轴无转速差,即 $n_1 = n_2 = n_0, n_1 + n_2 = 2n_0$。

同样,由于行星齿轮相当于等臂杠杆,主减速器传动差速器壳体上的转矩 M_0 等分给两半轴齿轮(半轴),即 $M_1 = M_2 = M_0/2$。

②汽车转向行驶时。

此时两侧驱动车轮所受到的地面阻力不同。如果车辆右转,右侧(内侧)驱动车轮所受的阻力大,左侧(外侧)驱动车轮所受的阻力小。这两个阻力经半轴、半轴齿轮反作用于行星齿轮两啮合点 A 和 B(图3-28),使行星齿轮除了随差速器壳公转外还自转,设自转转速为 Δn,则左半轴齿轮的转速增加,右半轴齿轮的转速降低,且左半轴齿轮增加的转速等于右半轴齿轮降低的转速。行星齿轮的自转转速变化为 Δn,则 $n_1 = n_0 + \Delta n$,$n_2 = n_0 - \Delta n$,即汽车右转时,左侧(外侧)车轮转得快,右侧(内侧)车轮转得慢,实现纯滚动。此时依然有 $n_1 + n_2 = 2n_0$。

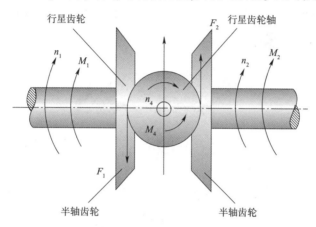

图3-30 差速器转矩分配原理

由于行星齿轮的自转,行星齿轮孔与行星齿轮轴轴径间,以及齿轮背部与差速器壳体之间都产生摩擦。如图3-30所示,行星齿轮所受的摩擦力矩 M_r 方向与其自转方向相反,并传到左右半轴齿轮,使转得快的左半轴转矩减小,转得慢的右半轴的转矩增加。所以当左、右驱动轮存在转速差时,$M_1 = (M_0 - M_r)/2$,$M_2 = (M_0 + M_r)/2$。但由于有推力垫片的存在,实际中的 M_r 很小,可以忽略不计,则 $M_1 = M_2 = M_0/2$。

普通齿轮差速器的特性总结如下。
a. 普通齿轮差速器的运动特性:$n_1 + n_2 = 2n_0$,即转速按需分配特性;
b. 普通齿轮差速器的转矩分配特性:$M_1 = M_2 = M_0/2$,即转矩等量分配特性。

2)防滑差速器

汽车在泥泞、冰雪路面等行驶时,因一侧驱动轮陷入泥泞、冰雪路面而在原地打滑(滑转),另一侧在良好路面上的驱动轮却处在无法旋转状态,使汽车通过能力下降,这就是普通差速器的缺陷,防滑差速器能够克服普通差速器的缺陷,提高汽车的通过能力。防滑差速器有很多种形式,下面仅介绍托森差速器和伊顿差速器。

①托森差速器。

如图3-31所示为奥迪 A4 四轮乘用车前、后驱动桥之间采用的新型托森差速器。"托森"表示"转矩-灵敏",它是一种轴间自锁差速器,装在变速器后端。转矩由变速器输出轴传给托森差速器,再由差速器直接分配给前驱动桥和后驱动桥。

托森差速器由差速器壳、6 个蜗轮、6 根蜗轮轴、12 个直齿圆柱齿轮及前、后轴蜗杆组成。当前、后驱动桥无转速差时,蜗轮绕自身轴自转。各蜗轮、蜗杆与差速器壳一起等速转动,差速器不起差速作用。当前、后驱动桥需要有转速差,例如汽车转弯时,因前轮转弯半径大,差速器起差速作用。此时,蜗轮除公转传递动力外,还要自转。由于直齿圆柱齿轮的相互啮合,使前后蜗轮自转方向相反,从而使前轴蜗杆转速增加,后轴蜗杆转速减小,实现了差速。托森差速器起差速作用时,由于蜗杆蜗轮啮合副之间的摩擦作用,转速较低的后驱动桥比转速较高的前驱动桥所分配到的转矩大。若后桥分配到的转矩大到一定程度而出现滑转时,则后桥转速升高一点,转矩又立刻重新分配给前桥一些,所以驱动力的分配可根据转弯的要求自动调节,使汽车转弯时具有良好的驾驶性。当前、后驱动桥中某一桥因附着力小而出现滑转时,差速器起作用,将转矩的大部分分配给附着力好的另一驱动桥(最大可达3.5倍),从而提高了汽车通过不良路面的能力。

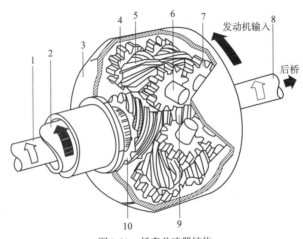

图 3-31 托森差速器结构

1-差速器齿轮轴;2-空心轴;3-差速器壳;4、7-直齿圆柱齿轮;5-涡轮;6-涡轮壳;8-驱动轴;9-后轴蜗杆;10-前轴蜗杆

托森差速器是转矩感应式,能够根据两侧车轮的抓地力差异分配转矩,即使一侧车轮悬空也不会造成空转。它特意增加内摩擦力矩 M,使转得慢的驱动轮(驱动桥)获得的转矩大,使转得快的驱动轮(驱动桥)获得的转矩小,提高了汽车通过不良路面的能力。托森差速器反应速度快,能够在短时间内响应车轮的抓地力变化。它的缺点是结构复杂、磨损较快、成本较高,因此通常只出现在高档车型中。

②伊顿差速器。

伊顿差速器又称伊顿差速锁,也是一种机械差速锁,外形如图3-32所示。它常用在四驱汽车中的差速器,可以将动力合理地分配到各个车轮上,从而优化整个车辆的性能表现。

当车辆行驶时,如果某一轮出现空转或者阻力较大的情况,伊顿差速器会自动调整动力输入,将多余的动力传递到其他车轮上,保证车辆的稳定性和行驶效果。当两侧车轮的附着力出

图 3-32 伊顿差速器外形图

现差异时,如果两侧车轮的转速差达到了设定的数值,那么伊顿差速锁将会自动锁止差速器,使得两侧车轮拥有相同的动力,从而使车辆脱困。

a. 伊顿差速器结构。

伊顿差速器由三个主要部分组成：差速器外壳、内部齿轮和可调节的摩擦片，内部结构如图3-33所示。外壳是一个圆形的金属壳体，内部齿轮和摩擦片则安装在外壳内部。内部齿轮由一组齿轮组成。它们以相同的速度旋转。伊顿差速器的关键部件是内部的齿轮系统和离心机构。当某一轮阻力较大时，离心机构会自动通过调整齿轮的位置产生差速效应，使得多余的动力传递到其他车轮上，从而保证整个车辆的行驶稳定性。同时，由于离心力的存在，伊顿差速器还具有一定的限滑性能，能够在滑动阻力较大的情况下，限制某一车轮的旋转速度从而避免整个车辆失控。

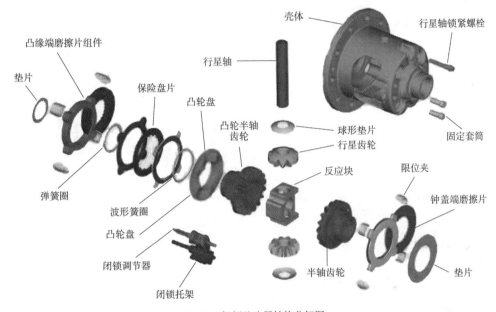

图3-33 伊顿差速器结构分解图

b. 伊顿差速器工作原理。

伊顿差速器是转速差感应式，通过转速差来实现差速功能。它的巧妙之处在于在调节装置上有一个利用了离心力原理的脊爪和锁片，正常情况下，调节装置会随半轴齿轮进行同步旋转，完全不影响差速器工作，当左右车轮转速差大于100r/min时，棘爪受离心力的作用甩开，勾到锁止支架上的钩子，当调节装置上的棘轮与锁止支架勾到一起后，调节装置不再旋转，受此影响，凸轮盘也停止转动，而行星齿轮还在转动。由于半轴齿轮与凸轮盘的贴合面是波浪形的，所以半轴齿轮将凸轮盘推出。推出后左、右两边的摩擦片压紧，实现动力传动，差速器锁止，车辆脱困。伊顿这款机械自锁式差速器应用了"离心力"的原理，用一个棘爪以小博大，实现差速自锁。当左右车轮转速差小于100r/min时，波浪形的弹簧片会将左、右摩擦片分离，实现差速功能。

在设计和制造伊顿差速器时，需要考虑许多因素，如承受的负载、传递的动力、精度要求等。为此，在不同车辆上使用的伊顿差速器也有所不同，具体的参数设置可能会有所区别。但无论是哪一种应用，伊顿差速器的主要功能都是保证整个车辆的行驶平稳和安全。总之，伊顿差速器采用离心机构和齿轮系统，具有自动锁止机构，能够通过自动调整动力输入的方式来保证整个车辆的稳定性和行驶效果。它具有简单实用、可靠性高等优点,但也有反应速度略慢的缺点,因为它必须等到转速差出现的时候才起作用。

(四)万向传动装置

1. 功用

万向传动装置在汽车上有很多应用,结构略有不同,但是其功用是一样的,即在轴线相交,且相对位置经常发生变化的转轴之间传递动力,例如前驱动汽车的前桥,既要完成传动,又要完成转向,就必须使用万向传动装置。

2. 组成

万向传动装置(图3-34)主要包括万向节和传动轴(这里的传动轴通常称为半轴)。半轴的功用是将差速器传来的动力传递给驱动轮。

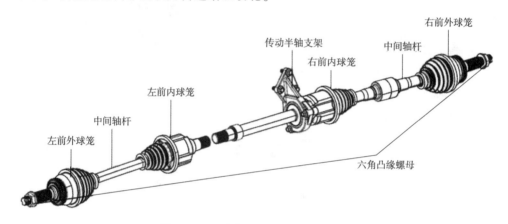

图3-34 比亚迪唐左、右半轴及万向节总成

1)万向节

万向节可以在相对位置及轴间夹角时刻变化的转轴之间传递动力。按传递动力过程中输入、输出转速特性的不同,可将万向节分为不等速万向节(通常的十字轴式万向节)、准等速万向节(常用的有双联式万向节和三销轴式万向节)和等速万向节(包括球叉式万向节、球笼式万向节和三枢轴式万向节)三种;按受力时零件的变形不同,可将万向节分为刚性万向节和柔性万向节两种。汽车驱动桥有左、右两个半轴,每个半轴需要两个等速万向节。

等速万向节的基本原理是从结构上保证万向节在工作中,其传力点始终位于两轴交角的平分面上。两齿轮的接触点位于两齿轮轴线交角的平分面上,两齿轮的圆周速度是相等的,即两齿轮旋转角速度也相同。若万向节在工作中,其传力点始终在两轴夹角的平分面上,这种万向节就是等速万向节。

等速万向节的基本原理是传力点永远位于两轴交点的平分线上。如图3-35所示为等速万向节的工作原理图。两个大小相同锥齿轮的接触点P位于两齿轮轴线交角α的平分面上,由P点到两轴的垂直距离都等于r。P点处两齿轮的圆周速度相等,两齿轮的角速度也相等。可见,若万向节的传力点在其交角变化时,始终位于两轴的平分面上,就能保证等速传动。

球笼式等速万向节按照工作特性不同分为固定型和收缩型,固定型球笼式等速万向节用于车轮侧,其外形如图 3-36 所示,其内部结构如图 3-37 所示。

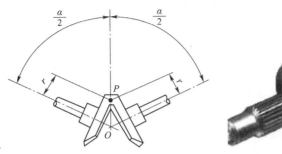

图 3-35　等速万向节的工作原理

图 3-36　固定型球笼式等速万向节外形图

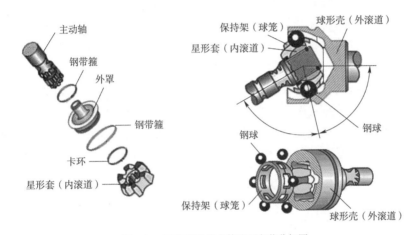

图 3-37　固定型球笼式等速万向节分解图

伸缩型球笼式等速万向节用于差速器侧,其外形如图 3-38 所示,其内部结构如图 3-39 所示。

图 3-38　伸缩型球笼式等速万向节外形图　　图 3-39　伸缩型球笼式等速万向节分解图

这两种球笼式等速万向节组成基本一致,只有球形壳的形状和滚道不同。主要由星形套、球笼、球形壳及钢球等组成。星形套通过内花键与半轴相连接,用卡环、隔套和碟形弹簧轴向限位。星形套的外表面有6条曲面凹槽,形成内滚道。球形壳与带花键的外半轴制成一体,内表面制有相应的6条曲面凹槽,形成外滚道。球笼上有6个窗孔。装合后6个钢球分别装于6条凹槽中,并用球笼使之保持在一个平面内。工作时,转矩由主动轴传至星形套,经6个均布的钢球传给球形壳,并通过球形壳上的花键轴传至转向驱动轮,使汽车行驶。球笼式万向节工作时6个钢球都参与传力,故承载能力强、磨损小、寿命长,所以被广泛应用。

2)半轴

半轴是差速器与驱动轮之间传递转矩的轴,也称驱动轴,以实心居多。半轴的结构受悬架和驱动桥结构的影响,整体式驱动桥半轴为刚性轴,而前桥即转向驱动桥和断开式驱动桥中的半轴则分成两段,并通过万向节与差速器和驱动车轮连接。半轴内端通过外花键与差速器半轴齿轮的内花键连接,外端与驱动轮毂连接。

半轴的结构因驱动桥结构形式的不同而不同。整体式驱动桥的半轴为一刚性整轴。而转向驱动桥和断开式驱动桥的半轴则是分段并用万向节连接。

半轴的支撑形式通常有全浮式(图3-40)和半浮式(图3-41)两种。全浮式半轴支撑形式,半轴内、外两端只承受转矩,而弯矩是由桥壳来承受。因此全浮式半轴支撑便于拆装,只需拧下半轴凸缘上的轮毂螺栓,即可将半轴抽出,而桥壳照样能够支撑汽车。半浮式半轴支撑形式,半轴车轮端承受弯矩和转矩,而差速器端只承受转矩,拆装不方便。所谓"浮"是对卸除半轴的弯曲载荷而言。

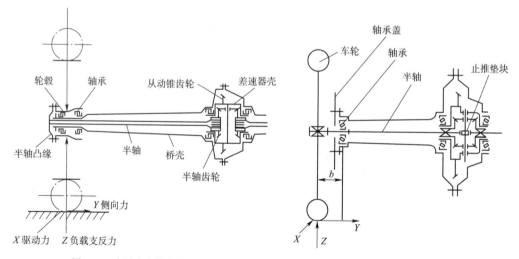

图3-40 全浮式半轴支撑示意图　　图3-41 半浮式半轴支撑示意图

(五)比亚迪EHS电混系统

EHS电混系统是比亚迪DM超级混动系统的核心部件,由比亚迪自主研发。此系统将齿轮传动机构和发电机装配在一起,EHS电混系统结构如图3-42所示。它被布置在汽车发动机舱里,如图3-43所示。

 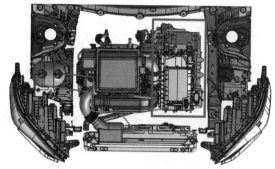

图 3-42　EHS 电混系统结构简图　　　图 3-43　EHS 电混系统整车布置

EHS 电混系统由双电机+双电控+单挡减速器+直驱离合器构成，如图 3-44 所示。分为 EHS132/145/160 三套，分别可支持最大功率为 160kW/173kW/254kW 的动力输出。

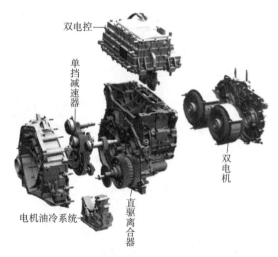

图 3-44　比亚迪唐 EHS 电混系统构成部件

作为 DM 系统的核心，EHS 电混系统采用了串、并联架构的双电机结构，在驱动模式方面可实现 EV 纯电模式、HEV 混动模式等五种不同的驱动方式。

（1）当电量充足时，动力蓄电池直接给前轮驱动电机供能驱动车辆，即 EV 纯电模式；

（2）当电量不足时，发动机介入，这个时候发动机除了负责驱动车辆外同时还会给电池充电，即 HEV 串联混动模式；

（3）高速超车或需要强劲动力时，为 HEV 并联模式，电动机和发动机共同负责驱动车辆，加速时系统切换为串联驱动，即为混联模式；

（4）高速巡航工况时，为发动机直接驱动模式；

（5）EHS 电混系统能够对发动机、发电机驱动电机智能分配功率，让 DM 超级混动系统更多地在高效区工作。

因此，比亚迪 EHS 电混系统在有电时用纯电驱动、亏电时在 80% 左右工况下由电机驱动、城市工况下几乎100%由电机驱动,比亚迪EHS混动系统就是"低速部分增程,高速直驱,加速并联"。因此,比亚迪DM平台的EHS电混系统是一个以电为主的混动技术。

比亚迪EHS电混系统总成主要由用于驱动的P3电机、用于发电和调整发动机转速的P1电机、电机控制器以及一套机电耦合机构等组件构成。它的轴向结构大致可以被分为两部分,如图3-45所示。

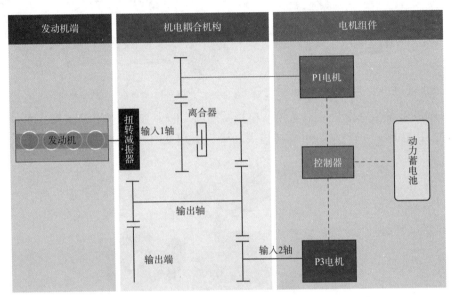

图3-45　EHS电混系统结构

(1)机电耦合机构包含的单级减速器和离合器被平行布置;
(2)两个电机在机电耦合机构的另一侧,同样被平行布置。

比亚迪EHS电混系统最大的特点是简约,没有复杂的变速机构,不过可以从其驱动方式中看到简约而不简单的地方。比亚迪EHS电混系统简单易懂,各部件连接逻辑就很好理解:

①P1电机与发动机耦合,两者与离合器连接;
②输入2轴通过传动齿轮直接与输出轴连接,故此,P3电机靠近轮端。

从部件连接可以看出,2根输入轴分别接收来自发动机端和P3电机端的功率,其中没有变速器。不过这并不代表整套动力总成不能变速,而变速的原理主要是低速时依靠电控来调节P3电机的输出功率,中高速时依靠调整发动机的转速变速,而加速时,依靠对两个动力输出源的功率进行共同调整。那么接下来就通过实际驾驶场景来具象化地介绍比亚迪唐的变速原理。汽车行驶过程中,有以下几种模式:

当起动汽车时,P3电机从动力蓄电池中获取电能,直接驱动汽车开始行驶,P3电机在低速下能提供较大的转矩,而且噪声小,此时,发动机不起动工作,也就没有内燃机汽车的抖动。P3电机的功率随对动力的需求增大而不断提升。此时,处于纯电驱动模式,如图3-46所示。

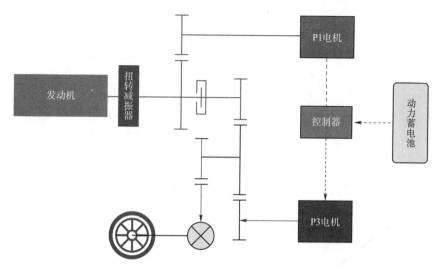

图 3-46　纯电模式

当在城市中、低速道路行驶时,系统基本会让 P3 电机持续驱动车辆,当动力蓄电池的 SOC 降低到一定阈值时,发动机便会起动,但此时离合器一般会断开,发动机带动 P1 电机进行发电,为 P3 电机补充电能,此时属于串联模式,如图 3-47 所示。

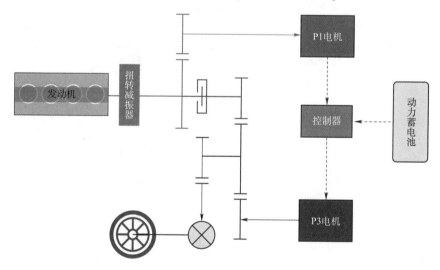

图 3-47　串联模式

对于高速巡航的路况,由于发动机驱动的效率高于电机的驱动效率。因此,离合器闭合,发动机的动力直接作用于车轮。此外,P1 电机和 P3 电机随时待命,在发动直驱功率有富余时,及时介入将能量转化为电能,存储在动力蓄电池中,提高系统的能量利用率,此时即为直驱模式,如图 3-48 所示。

如果前方出现了一辆速度较慢的货车,在高速巡航的情况下,想进一步提速超车,因此当深踩加速踏板时,系统会检测到动力需求还在提升,并可能会让发动机脱离最佳的工作区域,此时,系统会让动力蓄电池给 P3 电机供电,进入全动力源输出的并联模式,如图 3-49 所示。

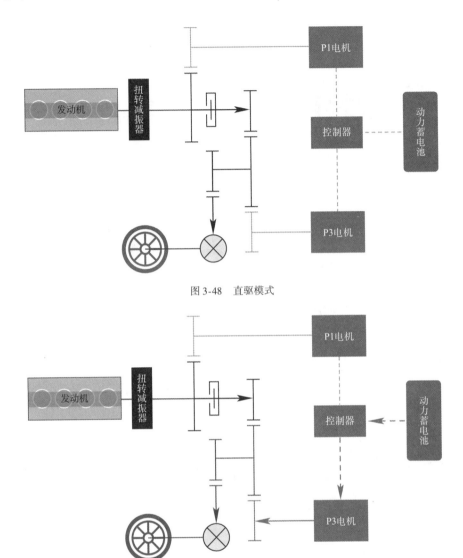

图 3-48 直驱模式

图 3-49 并联模式

减速行驶时,当踩下制动踏板,系统进入制动能量回收模式,此时轮端的制动能通过 P3 电机进行回收,此时即为动能回收模式,如图 3-50 所示。

回到城市低速路况后,由于驾驶人的驾驶习惯,造成了动力蓄电池 SOC 快速下降,动力蓄电池急需补能。此时系统会保持发动机在经济的工作区域继续全功率工作,P1 电机的发电功率随之提升,在为 P3 电机供电的同时,也为动力蓄电池补能。此时系统又回到串联模式,如图 3-47 所示。

在两个动力源同时输出时,输入 1 轴和输入 2 轴上的功率汇总在输出轴最终到达轮端。此外,EHS 电混系统给到发动机直驱的挡位只有一个,传动比大约相当于传统手动变速器的 5~6 挡,也就是说发动机在 60km/h 后才可以直驱。虽然没有变速器,但因为内燃机和电动机的共同驱动,驾驶的时候,就像汽车装配了无级变速器。EHS 电混系统工作模式的基础原理见表 3-1。

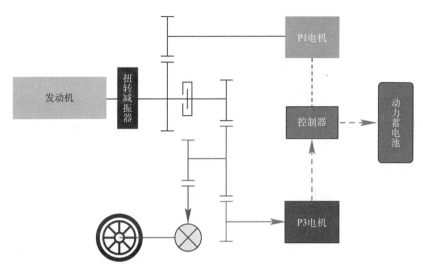

图 3-50　动能回收模式

EHS 电混系统工作模式的基础原理表　　　　　　　　表 3-1

工作模式	发动机	P1 电机	P3 电机	离合器
纯电模式	不工作	不工作	启动	断开
串联模式	启动	启动	启动	断开
并联模式	启动	启动	启动	结合
直驱模式	启动	不工作	不工作	结合
能量回收模式	不工作	不工作	启动(发电)	断开

比亚迪 EHS 电混系统总结：

（1）比亚迪第三代 DM 系统的结构最大特点就是一个字——简，没有复杂的多挡位变速机构，将更多结构质量留给功率更大的电机和 PHEV 电池；

（2）比亚迪 DM 系统的工作模式也有一个比较大的特点——电驱为主，得益于比亚迪在三电技术方面的技术积累和生产成本优势，EHS 电混系统将大部分路况都标定为纯电驱动，发动机作为增程器带动 P1 电机发电。

实际驾驶过程中，电混系统的工作状态是动态地、实时地在各个工作模式里切换，而切换的逻辑又是根据电池的 SOC（剩余电量）状态、加速踏板的踩踏力度（即转矩的需求）等诸多因素来决定。简单来说，结构被设计出来就是固定的，工作模式的标定是控制的框架逻辑，而最终的控制是实时、动态、变化的。

三、混合动力汽车传动系统检修

每一款混合动力汽车的传动系统都是独特的，检修的项目、方法等都无法统一。以比亚迪混合动力汽车为例介绍其检修方法。

（一）混合动力汽车检修注意事项

混合动力汽车检修注意事项基本上类似,大致有以下五大部分。

(1)电源开关置于 OFF 位置时,混合动力车辆控制 ECU 不会立即切断。因此,失效保护功能工作时,如果在短时间内反复操作电源开关,失效保护功能将不会取消。电源开关置于 OFF 位置后,连接解码器、打开/关闭车门或操作踏板前需要等待约 1min 或更长时间以完全切断混合动力车辆控制 ECU。

(2)短时间内不要在驻车挡和其他挡位之间反复切换,否则在一段时间内将会切换出驻车挡(P)以保护系统。如果系统保护功能工作,试图切换挡位前等待约 20s。

(3)如果无法换出驻车挡(P),则辅助蓄电池电压可能低。

(4)如果由于浸水等导致电子换挡杆系统损坏,则挡位无法换至或换出驻车挡(P)。挡位无法从驻车挡(P)换至其他挡位时,驻车锁止将啮合。因此,将无法使用拉索或链条牵引车辆。若需要牵引车辆,牵引车辆时应遵守的注意事项如下:

①在受损车辆前后轮均离开地面的情况下方可进行牵引。如果在拖动损坏的车辆时使其车轮接触地面,可能会导致发动机发电。根据车辆损坏部件的性质,这种电流可能会泄漏并导致起火。

②在 4 个车轮全部着地的情况下牵引车辆,如果需要使用拉锁或链条牵引车辆,则牵引速度不能超过 30km/h,且仅可牵引一小段距离。

③将电源开关置于 ON(IG)位置,将换挡杆移至 N 并确认已选择空挡(N)。如果辅助蓄电池断开,或者与变速器控制 ECU 有关的零件有故障时,则无法选择空挡(N),只能用平板车移走车辆。

④确保不要将电源开关置于 OFF 位置,否则可能会选择驻车挡(P),从而导致损坏或发生事故。

⑤如果在牵引过程中受损车辆出现任何异常,则立即停止牵引。

(5)如果电子换挡杆系统损坏,则试图将电源开关切换至 OFF 位置时可能会切换至 ON(ACC)位置。在这种情况下,施加驻车制动可能将电源开关置于 OFF 位置。

（二）主油路压力传感器、离合器压力传感器更换

1. 实训准备

(1)场地设施:举升机一台,装有废油收集设备和消防设施的场地。

(2)设备设施:比亚迪混合动力汽车。

(3)工量具:常用工具(一套)等。

2. 注意事项

(1)穿戴干净整洁的工作服。

(2)遵守场地安全规定,注意举升机使用安全。

3. 操作步骤

(1)举升车辆,使车辆保持水平。

(2)拆卸发动机下护板,按下护板维修手册执行。

(3)按下压力传感器锁止机构回拔压力传感器线束端插件。

(4)用工具逆时针拧下主油路压力传感器或离合器压力传感器(图3-51)。

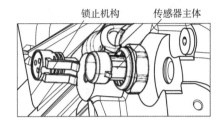

图3-51 压力传感器外形图

(5)更换全新比亚迪专用压力传感器。

(6)对插线束端插件,当听到"咔"的声响时对插完成,再用手往外回拔一下线束端护套,检查护套是否装配到位。

(7)装配发动机下护板,按照下护板维修手册执行。

(8)落下举升机,车辆驶离。

(三)更换变速器油温传感器

1. 实训准备

(1)场地设施:举升机一台,装有废油收集设备和消防设施的场地。

(2)设备设施:比亚迪混合动力汽车。

(3)工量具:常用工具(一套)等。

2. 注意事项

(1)穿戴干净整洁的工作服。

(2)遵守场地安全规定,注意举升机使用安全。

3. 操作步骤

(1)举升车辆,使车辆保持水平。

(2)拆卸发动机下护板,按照下护板维修手册执行。

(3)拆下线束油温传感器护套锁止弹片,然后拆下护套。

(4)用工具逆时针拧出油温传感器(图3-52)。

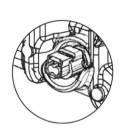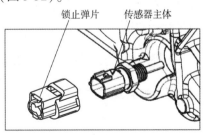

图3-52 变速器油温传感器外形图

(5)更换全新比亚迪专用油温传感器。

(6)对插线束端插件,当听到"咔"的声响时表示护套接插到位,检查护套是否装配到位。

(7)装配发动机下护板,按照下护板维修手册执行。

(四)就车检测半轴及护套

1. 实训准备

(1)设备设施:比亚迪混合动力汽车。

(2)工量具:常用工具(一套)等。

更换半轴防尘套

2. 注意事项

(1)穿戴干净整洁的工作服。

(2)遵守场地安全规定,注意举升机使用安全。

3. 操作步骤

(1)举升车辆,使车辆保持水平。

(2)拆卸发动机下护板,按照下护板维修手册执行。

(3)检查半轴(C)上的内防尘罩(A)、外防尘罩(B)及轴承处(E)有无裂纹、损坏、润滑脂泄漏,以及防尘罩卡箍(D)是否松动。如果检查到任何缺陷,立即更换半轴(图3-53)。

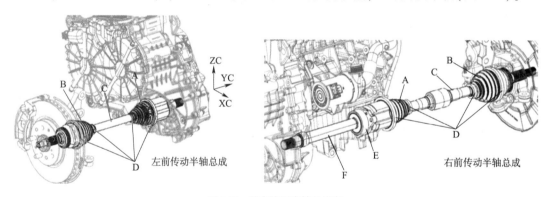

图3-53 就车检测半轴及护套

(4)用手转动半轴,半轴长柄外花键和差速器内花键不会过于松动。

(5)确认半轴有无扭曲或裂纹等异常,若有,则需更换半轴。

(6)内球笼和外球笼应摆动或滑动灵活,无卡滞现象,否则需更换半轴。

(7)用手转动长柄(F),确认半轴转动灵活,无卡滞现象,否则需更换半轴。

(五)EHS电混系统变速器润滑油液检查和更换

1. 检查比亚迪EHS电混系统变速器润滑油液

1)实训准备

(1)设备设施:比亚迪混合动力汽车。

(2)工量具:常用工具(一套)等。

2)注意事项

(1)穿戴干净整洁的工作服。

(2)遵守场地安全规定,注意举升机使用安全。

3)操作步骤

(1)预热发动机。

①原地起动发动机,驻车发电或怠速运行30s。

②关闭发动机,水平静置10min。

(2)举升车辆,拆卸发动机护板,检查EHSF-1(EHS电混系统专用润滑油)液位,如图3-54所示。

①拆下观察窗螺塞(A)和螺塞垫片(B)。

注意:油液会从观察窗孔(D)溢出,请提前准备容器;小心不要被温度较高的部件烫伤自己。

②确保EHSF-1在正确的液位(C)。如果EHSF-1加注过量,从观察窗排出EHSF-1至合适的液位;如果EHSF-1液位过低,检查和修理所有外部泄漏。如果没有泄漏,通过注油螺塞孔向变速器(EHS)加注推荐的油液直至液位达到合适的液位。务必使用纯正的比亚迪EHSF-1。

注意:使用错误类型的油液会损坏EHS变速器。

③重新安装带新密封垫圈的观察窗螺塞。

注意:每次操作后请用油液清洗剂清洁壳体表面油液。

(3)加注EHSF-1(图3-55)。

拆下注油螺塞(E)和密封垫片(F),加注EHSF-1。通过注油螺塞孔(G)加注0.2L润滑油,务必使用纯正的比亚迪EHS润滑油。重新安装带新密封垫圈的注油窗螺塞。按照与拆卸相反的顺序安装零件。

注意:使用错误类型的油液会损坏EHS变速器。

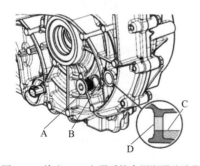

图3-54 检查EHS电混系统专用润滑油液位

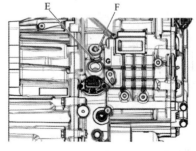

图3-55 加注EHS电混系统润滑油

2. 更换比亚迪EHS电混系统变速器润滑油液

1)实训准备

(1)场地设施:举升机一台,装有废油收集设备和消防设施的场地。

(2)设备设施:比亚迪混合动力汽车。

(3)工量具:常用工具(一套)等。

2)注意事项

(1)穿戴干净整洁的工作服。

(2)遵守场地安全规定,注意举升机使用安全。

3)操作步骤

(1)举升车辆,使车辆保持水平。

(2)拆卸发动机下护板,按照下护板维修手册执行。

(3)发动机预热:①原地起动发动机,驻车发电或怠速运行30s;②关闭发动机,静置10min后举升车辆,使车辆保持水平。

(4)EHSF-1油液排放(放油塞的位置如图3-56所示)。

①拆下放油螺塞和螺塞垫片。**注意:**避免被热的部件烫伤。

②排放EHSF-1油液。等待放出的油从柱状变至线滴状时,顺时针转前轮两轮胎2min后,逆时针再转1min,两轮均要同步转,直至无油滴,否则油液无法排净。

③重新装配全新放油螺塞及螺塞垫片。

④更换滤芯总成(需要时)。

(5)EHSF-1润滑油液重新加注。

①拆下注油螺塞和密封垫片。

②通过注油螺塞孔加注润滑油,注油塞的位置如图3-57所示。

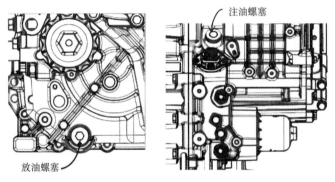

图3-56 放油螺塞位置图　　图3-57 注油螺塞位置图

注意:a.更换时加注3.5L(同时更换滤芯总成时);b.更换时加注3.0L(不需更换滤芯总成时);c.大修时加注4.1L;d.务必使用纯正的比亚迪专用EHSF-1润滑油,使用错误类型的油液会损坏EHS变速器。

(6)所有拆下零件复原安装。

技能实训

(一) 半轴的拆卸

1.拆半轴前准备

(1)抬升车身,在适当的部位用安全架支撑。

(2)轻轻地旋松车轮螺母。

(3)拆除车轮螺母和车轮。

2. 拆卸外球笼

(1)用辅助工具将半轴六角凸缘面螺母上弯折到楔形槽的部分恢复原状,然后拆下螺母,如图3-58所示。

(2)拆下前轴制动器处的六角凸缘面螺母(A)和六角凸缘面螺栓(B),分离球头销总成(C)与摆臂焊接总成(D),如图3-59所示。

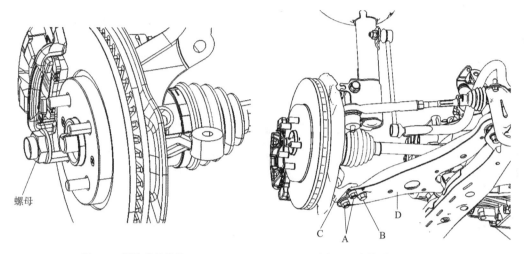

图3-58 拆除车轮螺母　　　　　　图3-59 拆卸前制动器固定螺母

(3)向外拉制动器,然后使用塑料槌轻轻敲击,拆除轮毂上的外球笼,如图3-60所示。

3. 拆卸内球笼

(1)左前半轴内球笼:托住轴杆,用錾子、锤子等工具撬出内球笼,直至花键脱出,取出半轴,撬出后检查半轴花键磨损情况及半轴卡簧是否正常,如图3-61所示。

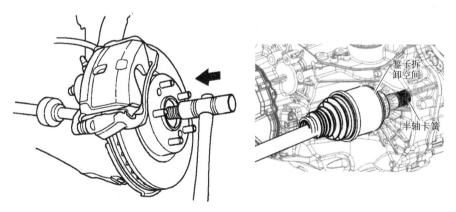

图3-60 拆卸制动器　　　　　　图3-61 撬出内球笼

(2)右前半轴内球笼:注意内支架(B)、内球笼(A)、长柄(C)是一个整体,需整体拆卸。不能用力拉半轴(D),否则内球笼内部可能脱出,防尘罩可能会破裂,如图3-62所示。

①用13号套筒和棘轮拆卸支架螺栓(图3-63)。

②轴向取出整个半轴,直至花键脱离,后将半轴作为总成一体拆卸,如图3-64所示。

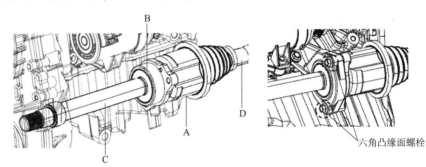

图 3-62　拆卸右前半轴内球笼　　　　图 3-63　拆卸支架螺栓

(3)拆传动半轴支架,如图3-65所示。

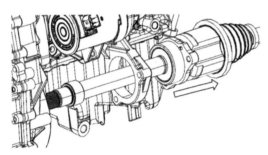

图 3-64　拆卸半轴总成　　　　图 3-65　拆卸传动半轴支架

(二) 半轴的安装

(1)安装左前半轴内球笼。

将半轴外花键插入差速器内花键,直至花键尾端半轴卡簧装配到位,此时用手拉内球笼壳体,有些许晃动,但不会脱出,如图3-66所示。

(2)安装右前半轴内球笼。

①安装传动半轴支架,如图3-67所示,拧紧力矩值为55N·m±5N·m。

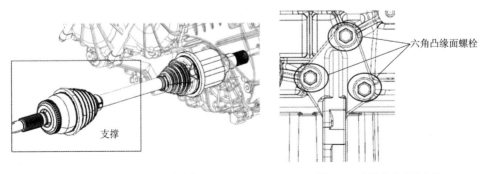

图 3-66　安装左前半轴总成　　　　图 3-67　安装传动半轴支架

②装配右前半轴总成,如图3-68所示。将半轴轴向装入,直至半轴外花键与差速器内

花键完全接合,半轴内外支架定位销与定位孔对上,按照规定力矩拧紧支架螺栓,拧紧力矩值为 55±5N·m。

(3)将左、右半轴的外球笼(A)安装到轮毂(B)内,如图 3-69 所示。

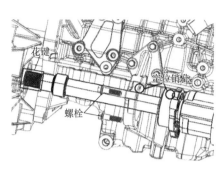

图 3-68　安装右前半轴总成

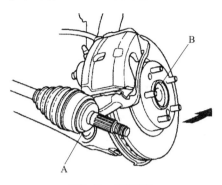

图 3-69　安装车轮

(4)将前轴球头销总成(C)与摆臂焊接总成(D)对接,安装连接处的六角凸缘面螺母(A)和六角凸缘面螺栓(B),如图 3-70 所示,将各自力矩拧紧至规定值。

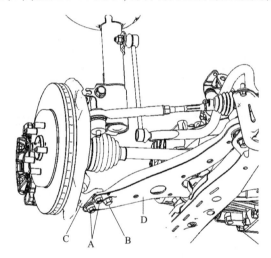

图 3-70　安装制动器连接处固定螺母

(5)安装新的半轴螺母,拧紧半轴螺母至规定力矩值 300N·m±15N·m。将半轴螺母用辅助工具弯折到轴上的楔形槽内固定,如图 3-71 所示。

(6)清洁制动盘与车轮的配合面,然后使用车轮螺母安装车轮,将各自力矩拧紧至规定值。

(7)用手转动车轮,确认半轴与周围部件之间的间隙。

(8)给变速器重新注入推荐的变速器油。

(9)检查车轮校正,必要时调整。

(三)更换比亚迪 EHS 电混系统附件

1. 更换传动轴油封

(1)拆卸左右传动轴,按其他系统提供的维修手册执行。

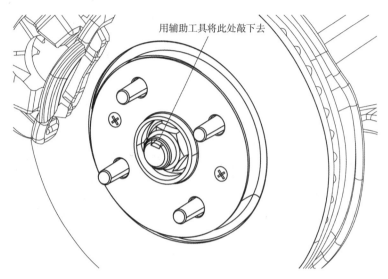

图 3-71　安装半轴螺母

（2）使用专用工具拆卸原半轴油封（图 3-72）。

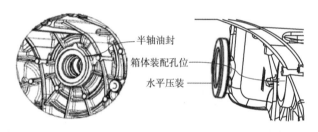

图 3-72　传动轴油封位置图

（3）更换全新比亚迪专用半轴油封，压装前需在箱体油封装配孔内侧圆周面均匀涂抹一层黄油，再用专用压装工具将油封压装到位，字面一侧向外，凹槽一侧向内。

（4）装配传动轴，传动轴插入变速器差速器端口花键卡圈锁止前，需使用专用油封导向保护套工具防护油封唇口，再插入传动轴，以防止刮伤油封，装配完成后退出油封导向保护套工具。

注意：油封需水平压装进入箱体油封装配孔，不得倾斜压装。

2. 更换主轴密封油封

（1）使用专用工装拆卸原主轴油封（图 3-73）。

图 3-73　主轴油封位置图

(2)换用全新比亚迪专用主轴油封,压装前需用主轴油封保护套罩住主轴花键,在箱体油封装配孔内圆周面均匀涂抹一层黄油,后用专用油封装配工具将油封压装到位,防止油封唇口被花键刮伤,字面一侧向外,凹槽一侧向内。

(3)装配传动轴,传动轴插入变速器差速器端口花键卡圈锁止前,需使用专用油封导向保护套工具防护油封唇口,再插入传动轴,以防止刮伤油封,装配完成后退出油封导向保护套工具。

注意:油封需水平压装进入箱体油封装配孔,不得倾斜压装。

3. 更换变速器透气阀

(1)拆卸变速器透气阀(图3-74)。

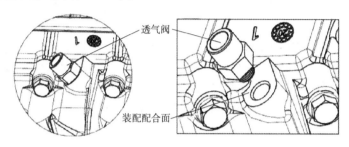

图3-74 透气阀位置图

(2)更换全新比亚迪专用透气阀,更换前用清洁剂清洁箱体螺孔与透气阀配合平面,后按要求工具及规定力矩拧紧透气阀。

4. 更换注油、放油螺塞

(1)更换注油螺塞。

①拆卸注油螺塞(图3-75)。

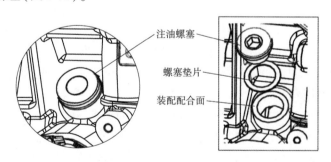

图3-75 注油螺塞位置图

②更换全新注油螺塞及螺塞垫片,装配前用清洁剂清洁箱体螺孔与垫片配合平面,后按要求工具及规定力矩拧紧注油螺塞。

(2)更换放油螺塞。

①拆卸放油螺塞(图3-76)。

②按检查或更换变速器润滑油规定泄放润滑油液。

③更换全新磁性放油螺塞及螺塞垫片,更换前用清洁剂清洁箱体螺孔与垫片配合平面,后换要求工具和规定力矩拧紧放油螺塞。

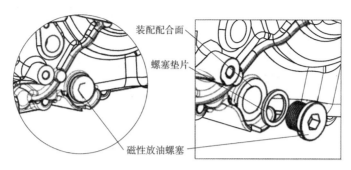

图 3-76 放油螺塞位置图

模块小结

（1）混合动力汽车的传动系统是动力的输出部件到驱动轮之间所有部件的总称。它的功用就是来满足汽车行驶的需求：首先要满足对动力的需求，当内燃机驱动汽车时需要变速器、减速器来变速变矩；其次，汽车行驶过程中，为了保证车轮做纯滚动运动，需要差速器来满足左、右车轮转速差异的需求；最后，差速器与车轮距离较远，轴线很难重合，而且不断地变化，特别是前轮驱动的话，驱动的同时还要满足转向的要求，需要万向节和半轴来满足这些需求。

（2）混合动力汽车当内燃机作为动力源时，其传动路线为：（发动机）飞轮→离合器→变速器→减速器→差速器→万向节、半轴→（驱动轮）；当动力蓄电池作为动力源时，电机输出动力，其传动路线为：（动力蓄电池）→电机→减速器→差速器→万向节、半轴→（驱动轮）。

（3）双离合变速器有两个离合器，汽车行驶过程中，一个离合器在工作，另外一个离合器处于待命状态，换挡过程中，动力不会中断，它消除了手动变速器在换挡时的转矩中断感，使驾驶更灵敏。其包括两根驱动轴（输入轴）、三根从动轴（输出轴），它的变速原理和手动变速器一样，即操纵机构是自动的。因此，"手动挡、自动拨"就是双离合变速器的优越之处，既有手动变速器传动效率高的优点，又有自动变速器操作方便的好处。

（4）减速器就是通过降低转速来增加转矩的，它通过小圆柱齿轮带动较大的圆柱齿轮达到提高汽车动力性的目的。

（5）差速器就是来满足左、右两轮对转速不一样的需求。它由差速器壳→行星齿轮轴→行星齿轮→半轴齿轮组成，箭头表示其中的动力传递路线。它结构简单，完全能够自动按照各自的需要分配转速。它的缺点是对左、右齿轮平均分配转矩，当一个车轮陷入泥坑时，汽车就不能行驶了。

（6）万向节和半轴组成万向传动装置，球笼式万向节在结构上保证等速传动，无须控制。

（7）防滑差速器弥补了普通差速器的缺点，能够根据地面的附着力合理分配动力，避免汽车遇到特殊路面无法行驶的情况。

（8）比亚迪 EHS 电混系统是汽车的核心部件，它是由双电机＋双电控＋单挡减速器＋直驱离合器构成。它采用双电机串并联架构，发动机和驱动电机各自独立工作，发动机和发电机直连，通过直驱离合器和驱动电机部分连接，可实现 EV 纯电、HEV 串联、HEV 并联、发动机直驱和动能回收五大模式。实际驾驶过程中，系统的工作状态是动态地、实时地在各个工作模式里切换,而切换的逻辑又是根据电池的 SOC 状态、加速踏板的踩踏力度(即转速转矩的需求)等诸多因素来决定。

(9)混合动力汽车发动机和传动系统的集成化程度明显提高了,发动机、电机和传动系统集成一体,维修作业减少了很多。

(10)对混合动力汽车维修时,要严格按照维修手册执行,因为车上有太多的电子元件,不规范操作后患无穷。

思考与练习

(一)填空题

1. 内燃机作为动力源时,传动系统的动力传动路线为_____→_____→_____→_____→_____;动力蓄电池作为动力源时,传动系统的动力传动路线为_____→_____→_____→_____→_____。

2. 汽车的传动系统应该具备_____、_____、_____和_____等功能。

3. 比亚迪 EHS 电混系统由_____、_____、_____和_____等总成组成;它分为两大部分:_____和_____。

4. 普通差速器的动力传递路线为_____→_____→_____→_____→_____。

5. 双离合变速器通常由_____、_____、_____、_____和_____五种部分组成。

6. 大众 0AM 双离合变速器驱动轴1上有_____个齿轮,分别为_____挡齿轮;驱动轴2上有_____个齿轮,分别为_____挡齿轮;从动轴1上有_____个齿轮,分别为_____挡齿轮;从动轴2上有_____个齿轮,分别为_____挡齿轮;从动轴3上有_____个齿轮,分别为_____挡齿轮。

7. 球笼等速万向节的动力传动路线为_____→_____→_____或者_____→_____→_____。

8. 比亚迪唐有_____、_____、_____的优点。

(二)判断题

1. 双离合变速器在换挡时几乎没有动力中断,换挡速度快,动力损失少。( )
2. 普通差速器转弯时,行星齿轮只有自转,没有公转。( )
3. 双离合变速器齿轮机构有两根输入轴和两根输出轴。( )
4. 半轴两端的差速器,车轮侧用固定型等速万向节,而差速器侧则用伸缩型差速器。( )
5. 两轮驱动的汽车,当两个驱动轮都陷入泥潭里时,只能靠外力脱困,仅靠自身是无法脱困的。( )
6. 无级变速器的优点是在任何情况下都能和发动机达到最佳的匹配,因为它的传动比是连续变化的。( )
7. 普通差速器行星齿轮有两种运动:自转和公转。其中,公转是传力的,自转是实现差速的。( )

8. 双离合变速器在停车发动机熄火后,两个离合器都处于分离状态。　　　　(　　)

(三) 简答题

1. 汽车减速器有什么作用?

2. 普通差速器的转速分配特性是什么? 转矩分配特性是什么?

3. 比亚迪 EHS 电混系统行驶中有哪些工作模式?

4. 简述等速万向节的工作原理。

5. 简述比亚迪 EHS 电混系统的发动机直驱模式,分析其动力传动路线。

6. 分析比亚迪 EHS 电混系统各工况的工作模式及发动机、电机和离合器的状态。

7. 比亚迪混合动力汽车今天已经没有复杂的变速机构,但这并不代表整套动力总成不能变速。我们可以从它的工作模式中看到控制的框架逻辑是固定的,而最终的控制是实时、动态、变化的,像驾驶装配无级变速器汽车一样。企业的这种开创精神值得我们学习。同学们思考一下:为什么能够取消变速机构? 比亚迪唐是怎么实现无级变速器效果的?

模块四
混合动力汽车电子电力辅助系统

学习目标

知识目标

1. 掌握混合动力汽车动力转向系统的结构及工作原理；
2. 了解混合动力汽车动力转向系统的组成及特点；
3. 掌握混合动力汽车制动系统的结构及工作原理；
4. 了解混合动力汽车制动系统的组成及特点；
5. 掌握混合动力汽车空调系统的结构及工作原理；
6. 了解混合动力汽车空调系统的组成及特点。

技能目标

1. 能够正确使用车辆安全防护套件；
2. 能够规范地使用工具对混合动力汽车动力转向系统进行检修；
3. 能够熟练对混合动力汽车动力转向系统进行维护；
4. 能够规范地使用工具对混合动力汽车制动系统进行检修；
5. 能够熟练对混合动力汽车制动系统进行维护；
6. 能够规范地使用工具对混合动力汽车空调系统进行检修；
7. 能够熟练对混合动力汽车空调系统进行维护。

素质目标

1. 通过对车辆检修的规范操作，养成学规范、精技能、懂标准的工作习惯；
2. 通过对实训车辆维护与检修，养成相互帮助、讨论学习、共同进步的学习氛围；
3. 通过对混合动力汽车维护训练，反复操作，多次训练，提高精度和准确度；
4. 通过实训过程中的锻炼，小组讨论，培养学生可持续发展能力。

▶ **建议课时：18 课时**。

一、混合动力汽车动力转向系统

(一) 混合动力汽车动力转向系统概述

混合动力汽车的电子动力转向(EPS)系统,是指利用 EPS 电机提供的转向动力,通过对转向柱上的电动机和减速机构的操作,产生辅助转向力矩,辅助驾驶人进行转向操作的转向系统。动力转向电子控制单元根据车速信号和来自内置于电动转向柱分总成的转矩传感器的信号确定辅助动力的方向及大小。动力转向电子控制单元可以调节转向力矩,使转向力矩在低速行驶期间较小,在高速行驶期间较大。

比亚迪混合动力汽车采用电子动力转向(EPS)系统。该系统是在机械转向系统的基础上,将最新的电子技术和高性能的电机控制技术应用于汽车转向系统。系统的传动机构采用电机驱动,取代了传统机械液压机构。它能够在各种环境下给驾驶人提供实时转向助力,助力大小由 EPS 电子控制单元实时调节与控制。根据车速的不同可提供不同的助力改善汽车的转向特性,减轻停车和低速行驶时的操纵力,提升高速行驶时的转向操纵稳定性,进而提高了汽车的主动安全性。

1. 混合动力汽车动力转向系统的组成

混合动力汽车动力转向系统的组成如图 4-1 所示。

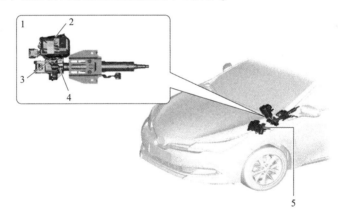

图 4-1 混合动力汽车动力转向系统组成

1-转向柱总成;2-动力转向 ECU 总成;3-动力转向电动机(转角传感器);4-电动转向柱总成(转矩传感器);5-带主缸的制动助力器总成

(1)转向柱总成。

转向柱总成由电动转向柱分总成、动力转向电动机和动力转向电子控制单元(ECU)总成组成。

(2)动力转向电子控制单元总成。

根据从各传感器和 ECU 接收到的信号,动力转向电子控制单元驱动安装在转向柱总成上的动力转向电动机,以提供动力辅助。

(3)动力转向电动机。

动力转向电动机根据从动力转向电子控制单元接收的信号产生辅助力矩。转角传感器(内置于动力转向电动机)将动力转向电动机的转角发送至动力转向ECU。

(4)电动转向柱分总成。

①转矩传感器。

检测扭力杆的扭曲度。传感器根据施加到扭杆上的转矩,产生电信号,并将此信号输出到动力转向ECU。

②减速机构。

通过蜗杆和蜗轮的使用来降低动力转向电动机的转速,然后将其传送到转向柱轴。

(5)带主缸的制动助力器总成。

①将车速信号发送至动力转向ECU总成。

②转向协同控制期间请求转向转矩辅助。

2.混合动力汽车动力转向系统的结构和工作原理

(1)转向柱总成。

转向柱总成由电动转向柱分总成、动力转向电动机和动力转向ECU总成组成,如图4-2所示。

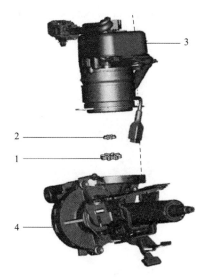

图4-2 电子动力转向柱总成

1-动力转向电动机轴减振器;2-动力转向电动机轴隔垫;3-带电动机的动力转向ECU总成;4-电动转向柱分总成(转矩传感器)

(2)转向电动机。

转向电动机采用惯性小、噪声低及输出功率高的无刷型动力转向电动机。如图4-3所示,电动转向电动机由转子、定子、电动机轴和转角传感器组成。转角传感器检测电动机转角并将该信息输出至动力转向ECU总成,确保高效的电子动力转向(EPS)。由动力转向电动机产生的转矩通过万向节传输至减速机构。

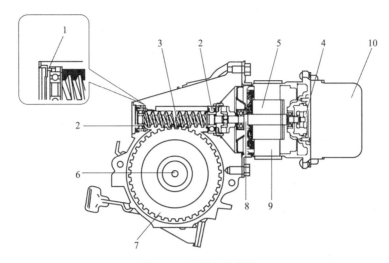

图 4-3 电动转向电动机

1-弹簧;2-球轴承;3-蜗杆;4-转角传感器;5-转子;6-转向柱轴;7-涡轮;8-电动机轴;9-定子;10-动力转向 ECU 总成

(3) 转矩传感器。

① 未转动转向盘时。

如果车辆直线行驶,且驾驶人没有转动转向盘,则磁轭居于多极磁铁的 N 极和 S 极中间,没有磁通量穿过霍尔集成电路,霍尔集成电路将输出规定电压至动力转向 ECU 总成,以指示无转矩施加至转向盘,因此,电流不会施加到电动机。转矩传感器如图 4-4 所示。

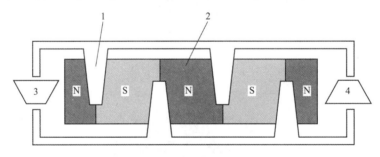

图 4-4 转矩传感器

1-磁轭片;2-多极磁铁;3-霍尔集成电路 2;4-霍尔集成电路 1

② 左转或右转转向盘时。

驾驶人左转或右转转向盘时,扭杆产生的扭曲度在多极磁铁和磁轭之间产生相对位移,此时多极磁铁 N 极和 S 极的磁通会通过霍尔集成电路之间,系统根据穿过霍尔集成电路的磁通量的方法检测转向盘的转动方向。霍尔集成电路 1 和霍尔集成电路 2 对置安装,因此,2 个霍尔集成电路的输出特性一直是彼此相反的。为检测故障,系统监视这些霍尔集成电路的不同输出。霍尔集成电路接近各自相应的磁极中心时,磁通密度变大,各霍尔集成电路将这些磁通量波动转化为电压波动,从而将转向盘的转动力矩传输至动力转向 ECU 总成。

③ 转矩传感器输出特性。

如图 4-5 所示,驾驶人未转动转向盘时,动力转向转矩传感器将规定电压(2.5V)输出至动力转向 ECU 总成。只要输出规定电压,动力转向 ECU 总成就会判定未向转向盘施加转矩。

驾驶人左转或右转转向盘时,动力转向转矩传感器输出至动力转向 ECU 总成的电压将会改变,动力转向 ECU 总成根据这种变化判定驾驶人输入的转向力矩和转向方向。

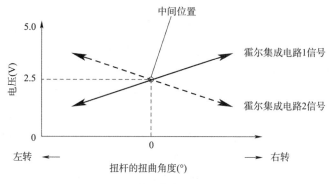

图 4-5　转矩传感器输出特性

(4) 混合动力汽车动力转向系统的电子控制。

①基本控制。

EPS 系统的助力特性属于车速感应型,即在同一转向盘转向力矩输入下,电机的目标电流随车速的变化而变化,能较好地兼顾轻便性与路感的要求。EPS 系统的助力特性采用分段型助力特性,EPS 电机根据转向盘偏离方向施加助力转矩,以保证低速时转向轻便,高速时操作稳定并获得较好的路感。

②回正控制。

转向时,由于转向轮主销后倾角和主销内倾角的存在,使得转向轮具有自动回正的作用。EPS 系统在机械转向机构的基础上,增加了 EPS 电动机和减速机构。EPS 系统通过EPS 电子控制单元对 EPS 电动机进行转向回正控制,与前轮定位产生的回正力矩一起进行车辆的转向回正动作,使转向盘迅速回正,抑制转向盘振荡,保持路感,提高转向灵敏性和稳定性,优化转向回正特性,缩短了收敛时间。回正控制通过调整回正补偿电流,进而产生回正作用转矩,该转矩沿某一方向使转向轮返回到中间位置。

③阻尼控制。

车辆高速行驶时,通过控制阻尼补偿电流进行阻尼控制,增强驾驶人路感,改善车辆高速行驶情况下的转向稳定性。

④自诊断。

如果动力转向 ECU 总成检测到 EPS 系统存在故障,动力转向 ECU 总成将点亮动力转向警告灯并鸣响蜂鸣器以告知驾驶人,动力转向 ECU 总成也会存储诊断故障码(DTC),可以通过使用诊断仪读取故障码(DTC)。

⑤安全保护。

如果动力转向 ECU 总成检测到 EPS 系统存在故障,则组合仪表上的主警告灯点亮,并鸣响蜂鸣器,动力转向 ECU 总成将控制模式切换为失效保护模式。

(二)混合动力汽车动力转向系统检修

1. 比亚迪唐 DM-i 混动版动力转向系统的维修注意事项

1)安全气囊系统操作注意事项

车辆配备有安全气囊(SRS),包括前排双安全气囊、侧安全气囊和侧安全气帘。如果不按正确的次序操作,可能会引起安全气囊在维修过程中意外打开,并导致严重的事故。故维修之前(包括零件的拆卸或安装、检查或更换),一定要阅读安全气囊系统的注意事项。

2)拆卸、安装和更换电动转向零部件的注意事项

(1)转向系统中任一零部件经过拆换后,需重新进行车辆四轮定位、标定转向管柱转角信号,并清除故障码。

(2)更换转向管柱,则需要根据车型进入汽车诊断系统(VDS)对应的车型界面并写入对应的配置字。若配置字选择不对,可能造成部分功能不匹配、手感不匹配等问题。

(3)若车辆配有遥控驾驶功能,则在转角信号标定时,禁止进行遥控驾驶操作,否则,可能会出现电机烧坏等严重异常情况;用 VDS 进行标定操作时,把手离开转向盘,转向盘不能受外在力的影响,否则可能会出现左右转向力不一样、电机烧坏等严重异常情况。

3)操作注意事项

(1)操作 EPS 转向管柱总成时。

①避免撞击转向管柱总成,特别是 EPS 电机和减速机构。如果转向管柱总成跌落或遭受严重冲击,需要更换一个新的总成。

②移动转向管柱总成时,请勿拉拽线束。

③未将转向管柱总成安装至车辆上时,请勿松开角度调节手柄。

④断开或重新连接转向管柱总成时:

a.在从转向器上断开转向管柱中间轴之前,车轮应该保持在正前方向,并固定转向盘防止转动。否则,会导致转向管柱上的时钟弹簧偏离中心位置,甚至因转向盘转动圈数太多损坏时钟弹簧。

b.断开转向管柱或者中间轴之前,车辆处于断电状态。断开上述部件后,不要移动车轮。不遵循这些程序会使某些部件在安装过程中定位不准。

⑤日常驾驶中,转向盘转到极限位置的持续时间不要超过 5s,否则可能会损坏助力电机。

2. 比亚迪唐 DM-i 混动版动力转向管柱总成的拆卸

(1)使前轮朝向正前方,断开蓄电池的负极端子。

(2)拆下 DAB 模块(主驾安全气囊模块),拆下转向盘。

(3)拆下组合开关护罩,从组合开关和转向管柱上脱开所有接插件、线束卡扣和卷收器,如图 4-6 所示。

(4)拆下组合开关,拆下万向节防尘罩,拆除下万向节安装螺栓,然后从转向器小齿轮轴上断开下万向节,如图 4-7 所示。

(5)拆下电动助力转向管柱及万向节总成。

模块四 混合动力汽车电子电力辅助系统

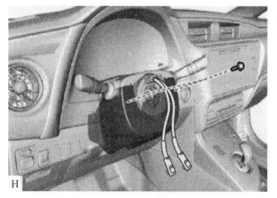

图 4-6 拆下组合开关护罩

图 4-7 断开下万向节

3. 比亚迪唐 DM-i 混动版动力转向系统的基本诊断步骤

(1) 根据客户描述,对照故障症状表分析故障症状。

(2) 检查辅助蓄电池电压。

(3) 将 VDS 连接到车上,检查 DTC 并保存定格数据。

(4) 根据故障码,对照故障代码表,确定故障的部位及修理方法。

(5) 按照故障原因和部位进行诊断,对确定故障部位进行修理。

(6) 清除混合动力汽车动力转向系统 ECU 中存储的故障码。

(7) 进行相关的试验及路试,若故障码和故障现象同时消失,说明故障已排除,并删除故障码。

4. 比亚迪唐 DM-i 混动版动力转向系统的故障症状表

动力转向系统故障症状见表 4-1。

比亚迪唐混动版动力转向系统故障症状表   表 4-1

症状	可能原因
转向沉重	轮胎(充气不当)
	前轮定位(不正确)
	转向节(磨损)
	悬架摆臂球头节(磨损)
	转向管柱总成(有故障)
	转向器(有故障)
	EPS 电子控制单元(有故障)
回位不足	轮胎(充气不当)
	前轮定位(不正确)
	转向管柱(弯曲)
	转向器(有故障)
	EPS 电子控制单元(有故障)

113

续上表

症状	可能原因
游隙过大	转向节（磨损）
	悬架摆臂球头节（磨损）
	中间轴、滑动节叉（磨损）
	前轮轴承（磨损）
	转向器（有故障）
异常噪声	减速机构（磨损）
	转向节（磨损）
	EPS电机（有故障）
	转向器（有故障）
转向盘抖动	车轮动平衡（不合格）
	EPS电机（有故障）
	转向管柱总成（有故障）
	EPS电子控制单元（有故障）

5. 比亚迪唐DM-i混动版动力转向系统的诊断故障码表

动力转向系统诊断故障码见表4-2。

比亚迪唐混动版动力转向系统诊断故障码表　　表4-2

DTC编号	故障描述	故障分析	故障排除流程
C1B8417、C1B8416	诊断过压、诊断欠压	EPS供电异常、EPS控制单元内部故障	1.测试EPS电源电压（B-103接插件）是否异常，正常情况下B-103接插件的2号引脚电压与地之间电压应处于14V（9~16V之间属于正常）左右，B-103接插件的1号引脚与地间是否导通；否：2。 2.EPS控制单元故障
U029D00	车速报文丢失	CAN通信系统异常	1.检查ESP系统是否异常，读取一下ESP和EPB系统的故障码情况，辅助判断；否：2。 2.EPS控制单元故障
U029E00	轮速报文丢失	CAN通信系统异常	1.检查ESP系统是否异常，读取一下ESP和EPB系统的故障码情况，辅助判断；否：2。 2.EPS控制单元故障
U1F0A87	挡位报文丢失	CAN通信系统异常	1.检查挡位控制器是否异常；否：2。 2.EPS控制单元故障
U1F0B87	仪表报文丢失	CAN通信系统异常	1.检查仪表是否异常；否：2。 2.EPS控制单元故障

续上表

DTC 编号	故障描述	故障分析	故障排除流程
U1F0D29	转向模式无效	CAN 通信系统异常	1.检查多媒体是否异常;否:2。 2.EPS 控制单元故障
C1B1000	ESP 信号无效	CAN 通信系统异常	1.检查 ESP 系统是否异常;否:2。 2.EPS 控制单元故障
U1F0C29	全地形模式无效	CAN 通信系统异常	1.检查前电机控制器是否异常;否:2。 2.EPS 控制单元故障
U014787	发动机报文丢失	CAN 通信系统异常	1.检查发动机是否异常(针对燃油车);否:2。 2.EPS 控制单元故障
U014729	发动机信号无效	发动机系统异常	1.检查发动机是否异常(针对燃油车);否:2。 2.EPS 控制单元故障
C1B8600	控制器配置信息未写入	EPS 系统异常	1.需要用诊断设备,对车辆写入配置(具体操作见 EPS 配置操作规范),成功写入配置后,清除故障码,重新上下电后检查故障是否仍然存在;否:2。 2.EPS 控制单元故障
C1B9200	TAS Angle 未标定	EPS 系统异常	1.需要用诊断设备,对车辆按照要求标定转向(具体操作见 EPS 标定操作规范),成功标定后,清除故障码,重新上电后检查故障是否仍然存在;否:2。 2.EPS 控制单元故障
C1B9100	TAS Angle Sensor 错误		
C1B8900	ECU EEPROM 数据移植故障	EPS 系统异常	更换 EPS 总成
C1B8A00	ECU 车辆标定参数错误		
C1B8B00	ECU 内部电子故障		
C1B8C00	ECU 标定参数丢失故障		
C1B8D00	ECU 标定参数下载故障		

二、混合动力汽车制动系统

(一)混合动力汽车制动系统概述

混合动力汽车的制动系统采用电子控制制动系统。电子控制制动系统可以根据驾驶人踩制动踏板的程度和所施加的力计算制动力,该系统一旦收到防滑控制 ECU 的信号,将实现对 4 个车轮的液压控制,制动执行器与防滑控制 ECU 集成一体并配置有液压制动助力器,从而优化了液压回路并减轻了质量。电子控制制动系统采用了再生制动协同控制,同时配备有制动控制功能[带 EBD(电子制动力分配)的 ABS(防抱死制动系统)、制动辅助、TRC(牵引力控制系统)、VSC(车身稳定控制系统) + 和上坡起步辅助控制]。

1. 混合动力汽车制动系统的组成

混合动力汽车制动系统的组成如图 4-8、图 4-9 所示。

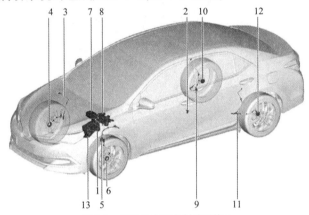

图 4-8　混合动力汽车制动系统 1

1-制动助力器泵总成;2-左前车门门控灯开关总成;3-左前轮转速传感器;4-右前桥轮毂分总成;5-左前轮转速传感器;6-左前桥轮毂分总成;7-制动主缸储液罐总成;8-带主缸的制动助力器总成;9-右侧防滑控制传感器线束;10-右后桥轮毂和轴承总成;11-左侧防滑控制传感器线束;12-左后桥轮毂和轴承总成;13-发动机室 1 号继电器盒和 1 号接线盒总成

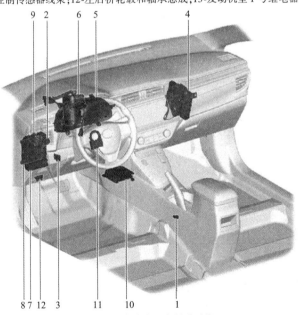

图 4-9　混合动力汽车制动系统 2

1-驻车制动开关;2-制动灯开关总成;3-VSC OFF 开关;4-混合动力车辆控制 ECU;5-组合仪表总成;6-动力转向 ECU 总成;7-仪表板接线盒总成;8-主车身 ECU 总成;9-制动踏板行程传感器总成;10-安全气囊 ECU 总成;11-转角传感器;12-DLC3

2. 混合动力汽车制动系统的工作原理

（1）电子控制制动系统如图4-10所示。

①该系统不再使用常规制动助力器，而是由液压制动助力器、制动执行器和制动助力器泵总成组成。

②正常制动期间，液压制动助力器产生的液压并不直接驱动轮缸，而是用作液压信号。通过液压制动助力器泵总成的液压获得实际控制压力，从而驱动轮缸。

③防滑控制 ECU 检测到该系统有故障时，通过使用液压制动助力器，施加增压的液压可以确保制动力。

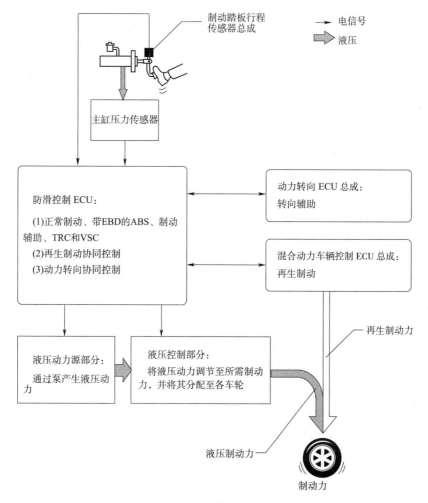

图4-10 电子控制制动系统

（2）再生制动协同控制如图4-11、图4-12所示。

①再生制动是指在旋转车桥处产生一个与发电的发电机（MG2）旋转方向相反的阻力。产生的电流强度（蓄电池充电电流强度）越大，阻力就会越大。

②驱动轮与发电机（MG2）机械相连，驱动轮旋转发电机（MG2）并使其作为发电机工作时，发电机（MG2）的再生制动力传输至驱动轮。根据来自防滑控制 ECU 的信号，控制发电

的混合动力系统对此力进行控制。

③再生制动协同控制不仅仅依靠液压制动系统的制动力为驾驶人提供所需制动力。相反,该控制通过与混合动力系统协同控制,用再生制动和液压制动提供联合制动力。

④再生制动和液压制动之间的制动力的分配随着车速和制动时间的变化而变化。

⑤通过控制液压制动完成再生制动和液压制动之间的制动力分配,使再生制动和液压制动的总制动力符合驾驶人所需的制动力。

⑥如果因混合动力系统故障导致再生制动不起作用,则制动系统执行控制,从而用液压制动系统提供驾驶人所需的制动力。

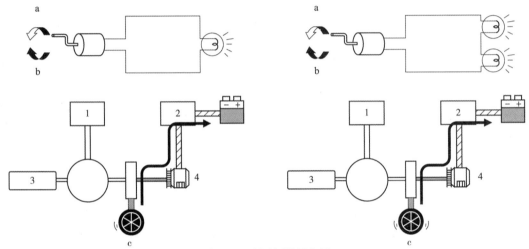

图 4-11　再生制动协同控制

1-MG1；2-逆变器；3-发动机；4-MG2；a-发电旋转方向；b-阻力；c-制动力

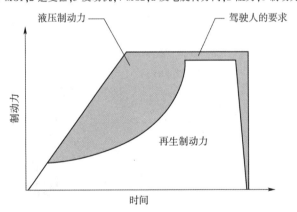

图 4-12　制动力分配变化

(3) VSC +。

早先车型中,制动控制功能(ABS、TRC、VSC)和电动转向(EPS)单独进行控制,而新车型采用了 VSC +,该系统根据行驶状态进行对制动控制功能的综合控制和对 EPS 的控制。从而实现了"行驶、转向、停车"的动态性能,并确保了出色的行驶稳定性和操纵性,如图 4-13 所示。

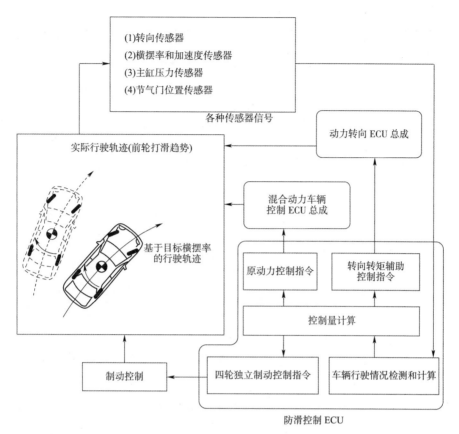

图 4-13　VSC + 控制

3. 制动系统电子控制系统主要部件及其功能

混合动力汽车制动系统电子控制系统主要部件及其功能见表 4-3。

混合动力汽车制动系统电子控制系统主要部件及其功能　　表 4-3

零部件		功能
制动助力器泵总成		由泵、泵电动机和蓄压器组成。液压动力源部分产生并存储液压,防滑控制 ECU 用此液压控制制动。减压阀安装在液压制动助力器内。蓄压器压力传感器(PACC)安装在制动执行器内
带主缸的制动助力器总成	制动执行器	由 4 个开关电磁阀、2 个线性电磁阀和 8 个控制电磷阀组成。带 EBD 的 ABS、制动辅助、TRC、VSC + 和上坡起步辅助控制功能运行期间,根据来自防滑控制 ECU 的信号改变制动液流动路径,从而控制施加至轮缸的液压
	液压制动助力器	根据驾驶人施加到制动踏板的力度产生液压。制动系统出现故障时,液压制动助力器将液压(由制动踏板的作用力产生)直接供应至轮缸
	减压阀	如果泵由于蓄压器压力传感器(PACC)故障而持续运行,则使制动液流回储液罐以防止压力过大

续上表

零部件		功能
带主缸的制动助力器总成	制动踏板行程模拟器	制动期间根据驾驶人对制动踏板的作用力产生踏板行程
	防滑控制 ECU	根据接收自传感器的信号监测车辆的行驶状况,通过与混合动力车辆控制 ECU 和动力转向 ECU 总成的协同控制来计算所需的制动力大小,并控制制动执行器。 根据来自各传感器的信号判断车辆的行驶状况,并控制带 EBD 的 ABS、制动辅助、TRC、VSC+和上坡起步辅助控制等功能。 根据蓄压器压力传感器信号操作制动助力器泵总成以控制蓄压器压力
带主缸的制动助力器总成	制动液液位警告开关	检测到制动液液位低
制动灯开关总成		检测到已踩下制动踏板并将其信号传输至防滑控制 ECU
制动踏板行程传感器总成		直接检测驾驶人踩下制动踏板的行程长度
转速传感器		检测 4 个车轮的车轮转速
空气囊传感器总成		检测车辆横摆率。 检测车辆前向加速度、后向加速度及横向加速度
转向传感器		检测转向盘的转向方向和角度
组合仪表总成	ABS 警告灯	防滑控制 ECU 检测到 ABS、EBD 或制动辅助出现故障时,该指示灯点亮提醒驾驶人
	制动警告灯/黄色(轻微故障)	检测到制动系统存在不影响制动力的轻微故障(如再生制动中的故障)时,点亮以提醒驾驶人
	制动警告灯/红色(故障)	防滑控制 ECU 检测到制动力分配故障时,点亮以提醒驾驶人。 施加驻车制动或制动液液位低时,点亮以告知驾驶人
	打滑指示灯	ABS、TRC 或 VSC 运行时,闪烁以告知驾驶人。 TRC 或 VSC 故障时,点亮以警告驾驶人
	VSC OFF 指示灯	选择"VSC OFF 模式"时,点亮以告知驾驶人
	蜂鸣器	液压电路存在故障或电源没电时,此蜂鸣器持续鸣响以告知驾驶人
电磁阀继电器(内置于防滑控制 ECU)		为制动执行器内的电磁阀供电或断电
电动机继电器(内置于防滑控制 ECU)		通常使用 3 个继电器中的 2 个向泵电动机供电。如果防滑控制 ECU 故障,则使用其他继电器确保向泵电动机供电
混合动力车辆控制 ECU 总成		接收到来自防滑控制 ECU 的信号后执行再生制动。 将实际再生制动控制值发送至防滑控制 ECU。 在 VSC 或 TRC 运行时,根据来自防滑控制 ECU 的输出控制请求信号控制原动力

续上表

零部件	功能
动力转向 ECU 总成	与防滑控制 ECU 协同工作,以控制辅助转矩
危险警告信号开关总成	将危险报警闪光灯点亮/熄灭请求信号传输至组合仪表总成
前门门控灯开关总成(驾驶人侧)	检测驾驶人车门打开还是关闭,并将信息发送至主车身 ECU(多路网络车身 ECU)
主车身 ECU(多路网络车身)	通过 CAN 通信将驾驶人侧车门打开信号发送至防滑控制 ECU 总成。(电源开关置于 OFF 位置且驾驶人侧车门打开时,防滑控制 ECU 总成激活电子控制制动系统)
VSC OFF 开关	使驾驶人能够选择"NORMAL 模式""TRC OFF 模式"或"VSC OFF 模式"

(二)混合动力汽车制动系统检修

1. 比亚迪唐 DM-i 混动版制动系统的维修注意事项

1)故障排除注意事项

(1)出现端子触点故障或零件安装故障时,拆下并安装可疑故障零件,可使系统完全或暂时恢复到正常状态。

(2)为确定故障部位,确保检查故障出现时的状态,如 DTC 输出和定格数据,应在断开各连接器或拆下及安装零件前进行记录。

(3)由于系统会受制动控制系统以外其他故障的影响,所以确保检查其他系统的 DTC。

2)操作注意事项

(1)除非需要,否则不要拆下或安装电子控制制动系统零件,如转角传感器、横摆率和加速度传感器或制动踏板行程传感器总成,因为它们在拆下和安装后需要正确调节。

(2)对电子控制制动系统进行操作时,确保断开电源。

(3)更换电动转向柱总成或者动力转向 ECU 总成后,校准转矩传感器零点。

(4)如果已经拆下并安装带主缸的制动助力器总成或者传感器,则必须在重新装配零件后,检查系统是否有故障。使用 VDS 检查 DTC,同时用测试模式检查并确认系统功能和 ECU 接收的信号正常。

(5)如果在制动控制系统准备工作前踩下制动踏板,则踏板行程可能会过长或者过短。将电源开关置于 ON 位置或踩下制动踏板两次或更多次后,行程模拟器将工作且制动踏板行程将保持一致。

3)DTC 注意事项

仅通过维修故障零件不能清除某些 DTC 警告。如果维修工作完成后显示警告信息,则应在电源开关置于 OFF 位置后清除 DTC。检测到 2 个或多个 DTC 时,逐一进行电路检查直至识别出故障。

2. 比亚迪唐 DM-i 混动版制动系统排气

1）湿式排气

（1）湿式排气适用范围：

更换或拆装制动钳、制动软管、制动硬管等需要进行制动排气操作时。

（2）湿式排气注意事项：

①如图 4-14 所示，用 VDS 将 IPB 集成制动控制系统总成设置为"安装模式"，再进行换件操作。若在更换或拆装制动钳、制动软管、制动硬管之前未执行此操作，则必须按干式排气法进行排气。

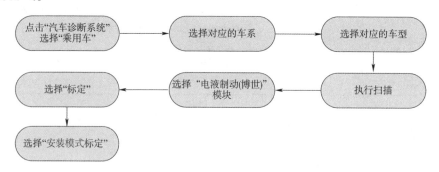

图 4-14 IPB 进入"安装模式"VDS 操作步骤

②排气成功后，整车仪表板应无 ABS、ESP 和制动系统报警，踩制动踏板无异常声音，且脚感正常。

③制动液加注机加注压力为 2bar，请勿增大压力，否则可能损坏制动液壶！

（3）湿式排气操作步骤：

①整车上电，按图 4-14 所示的操作步骤，用 VDS 将 IPB 集成制动控制系统总成设置为"安装模式"。

②整车下电。

③进行更换或拆装制动钳、制动软管、制动硬管等操作。

④将一段干净透明的排气软管接在排气螺钉上。

⑤连接好制动液加压设备，保证设备与制动液壶壶口密封良好、固定牢靠无泄漏。

⑥打开制动液加压设备，加压到 2bar，松开制动器排气螺钉，并以 2s 一次的速度正常踩制动踏板，直至排气软管中出来的制动液中无气泡，说明气体已排干净，踩住制动踏板，拧紧排气螺钉。

⑦整车上电，然后按图 4-15 所示的操作步骤，使用诊断仪发送"写入抽真空加注过程字节 + 退出安装（工厂模式）"指令，选择"加注完成，状态良好"选项。

⑧按图 4-16 所示的操作步骤，使用诊断仪读取"电液制动（博世）"故障码，然后清除故障码。确认整车仪表无 ABS、ESP 和制动系统报警，踩制动踏板无异常声音且脚感正常，则说明排气成功。否则按"干式排气"重新操作。

⑨关闭制动液加压设备，待加压设备压力降至 0 后，断开加压设备。

⑩抽出制动液壶中多余制动液，保证最高液位处于制动液壶的 MAX 线处。

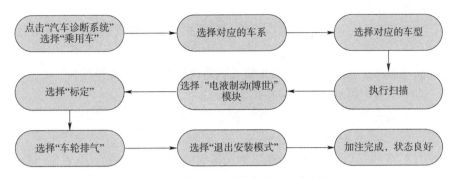

图 4-15　IPB 退出"安装模式"VDS 操作步骤

2) 干式排气

(1) 干式排气适用范围：

①制动液更换维护。

②更换 IPB 集成制动控制系统总成。

③未先进入 IPB 集成制动控制系统总成"安装模式"直接拆换制动钳、制动软管和制动硬管时。

④湿式排气失败时。

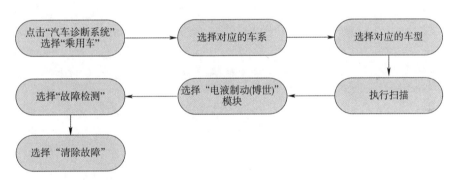

图 4-16　使用 VDS 清除 IPB 故障码操作步骤

(2) 干式排气注意事项：

①制动液加注机加注压力为 2bar，请勿增大压力，否则可能损坏制动液壶！

②必须按规定的排气顺序进行操作，否则需重新开始排气。

③排气过程中，不允许退出 VDS 排气操作界面，否则需重新开始排气。

④排气标定过程中，踏板面会顶脚，此时驾驶人稳住踏板即可，禁止大力踩压踏板。

⑤排气标定过程被 ECU 终止时，请重新开始此轮排气；如重复多次均失败，请在失败界面等 2min 后，再进行此轮排气。

⑥单个制动钳有两个排气孔（排气螺钉）时，两个排气孔均需要分别排气，该制动钳排气操作请操作两遍（适用于定钳）。

⑦排气成功后，整车仪表板应无 ABS、ESP 和制动系统报警，踩制动踏板无异常声音，且脚感正常。

(3) 干式排气操作步骤：

①整车上电，按图 4-14 所示的操作步骤，用 VDS 将 IPB 集成制动控制系统总成设置为"安装模式"。

②进行制动液维护、更换或拆装 IPB 集成制动控制系统总成等操作。

③将一段干净透明的排气软管接在排气螺钉上。

④连接好制动液加压设备，保证设备与制动液壶壶口密封良好、固定牢靠无泄漏。打开制动液加压设备，加压到 2bar。

⑤按照图 4-17 所示"使用 VDS 进行'干式排气'操作界面"的指引，使用 VDS 发送"左后轮排气指令"，然后松开制动器排气螺钉，并以 2s 一次的速度正常踩制动踏板（在此过程中，踏板面会顶脚，此时驾驶人稳住踏板即可，禁止大力踩压踏板），直至标定完成，此时排气软管中出来的制动液中应无气泡，说明气体已排干净（注意：若排气软管中出来的制动液中仍有气泡，需重新进行此轮操作，直至无气泡为止）。排气完成后，踩住制动踏板，拧紧排气螺钉。

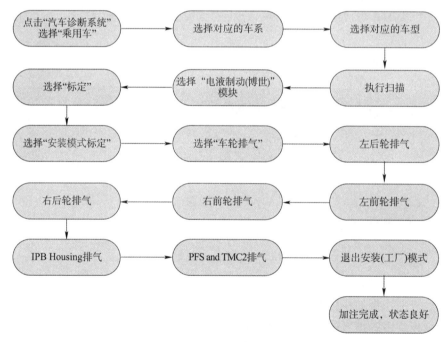

图 4-17 使用 VDS 进行"干式排气"操作步骤

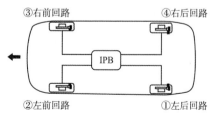

图 4-18 干式排气顺序

⑥按图 4-18 所示顺序，依次对每个车轮进行上述操作，直到排气软管中出来的制动液中见不到气泡为止（注意：必须按规定的排气顺序进行操作，否则需重新开始排气）。

⑦车轮排气完成后，关闭加压设备，待加压设备压力降至 0 后，断开加压设备。使用诊断仪发送"IPB housing 排气"指令，直至标定完成，此过程不用踩制动踏板（注意：此过程远程制动液壶不允

许安装壶盖,否则可能损坏制动液壶)。

⑧使用诊断仪发送"PFS and TMC2 排气"指令,并以 3s 一次的速度正常踩制动踏板,直至标定完成。

⑨使用诊断仪发送"写入抽真空加注过程字节 + 退出安装(工厂模式)"指令,选择"加注完成,状态良好"选项。

⑩按图 4-16 所示的操作步骤,使用诊断仪读取"电液制动(博世)"故障码,然后清除故障码。确认整车仪表板无 ABS、ESP 和制动系统报警,踩制动踏板无异常声音且脚感正常,则说明排气成功。否则按干式排气方法重新操作。

⑪抽出制动液壶中多余制动液,保证最高液位处于制动液壶的 MAX 线处。

3. 比亚迪唐 DM-i 混动版制动系统的基本诊断步骤

对于 IPB 集成制动控制系统总成发生故障的车辆,当车辆进入维修店后,维修店应收集以下几方面的信息并反馈给比亚迪售后部门:

(1)故障发生前后是如何操作的。

(2)故障时是否有文字提示或故障灯点亮。

(3)故障的发生频率如何,是否在重新上电点火后恢复。

然后,通过 VDS 对故障进行诊断并分析诊断结果,操作流程如图 4-19 所示。

图 4-19 操作流程

(1)VDS 连接 OBD 诊断口。

(2)车辆上电自检结束。

(3)建立通信,读取并存储故障码。

(4)分析故障码是当前故障还是历史故障。

(5)根据故障码查询解决措施。

4. 比亚迪唐 DM-i 混动版制动系统的故障症状表

制动系统故障症状见表 4-4。

比亚迪唐 DM-i 混动版制动系统故障症状表　　表 4-4

DTC	故障描述	故障设置条件	故障分析	故障排除流程
C056364、C006B00	IPB 非正常工作	IPB 接收到持续工作的指令(大于 10s)	1. 轮速差过大。 2. 传感器信号有误。 3. 转向盘转角传感器、横摆角速度传感器信号异常	1. 检查轮速传感器与齿圈间隙是否正常,有无异物,电气连接是否正常,之后检查故障是否排除;否:2。 2. 检查转向盘转角传感器与偏航率传感器的安装,故障是否排除;否:3。 3. 对 IPB 做交叉验证,如确认 ECU 损坏,更换 IPB

续上表

DTC	故障描述	故障设置条件	故障分析	故障排除流程
C006382、C055164、C006164、U043204、U043208、C051D01、C006A01、C006202、C006102、C006A02、C006302、C006308	偏航率传感器（外置传感器）故障	1. 偏航率传感器未标定。 2. 偏航率传感器信号异常。 3. 偏航率传感器故障	1. 传感器未标定。 2. 传感器线路短路或断路。 3. 传感器安装误差过大。 4. 传感器损坏	1. 对偏航率传感器（集成传感器）进行标定，故障是否排除；否：2。 2. 检查偏航率传感器线束（集成传感器忽略此步），故障是否排除；否：3。 3. 重新安装偏航率传感器模块，并进行标定，故障是否排除；否：4。 4. 对偏航率传感器/IPB 进行交叉验证（需要重新标定），如确认 ECU 损坏，更换 IPB
C104400	IPB 未退出运输模式	IPB 未退出运输模式	IPB 未退出运输模式	使用诊断仪退出运输模式
C12F909、C2A1700、C05B001、C002192、C055F92、C05B000、C002100、C055E00、C055F00	IPB 液压单元错误	车辆实际压力数值与设定压力偏离超出设定范围	1. 制动管路里混入空气。 2. IPB 内部压力传感器故障。 3. CAN 总线线路故障	1. 诊断 CAN 总线硬件与软件，是否发现故障并排除；否：2。 2. 对 IPB 做下线排气操作，确保制动管路与 IPB 内无残留空气，下线排气后重新点火
U100004、U007300	CAN 总线故障	车辆 CAN 总线通信、配置信息、线路故障	1. CAN 控制器故障。 2. CAN 配置信息不匹配。 3. CAN 总线线路故障	1. 诊断 CAN 总线硬件与软件，是否发现故障并排除；否：2。 2. 对 IPB 做交叉验证，如确认 ECU 损坏，更换 IPB
C000A08、C000B04	ADAS 节点通信故障	1. ADAS 报文超时。 2. ADAS 报文出错	1. CAN 总线线路故障。 2. ADAS 软件版本不匹配。 3. ADAS 模块损坏	1. 诊断 CAN 总线硬件与软件，是否发现故障并排除；否：2。 2. 诊断 ADAS 版本信息，是否发现故障并排除；否：3。 3. 对 ADAS 做交叉验证，如确认 ADAS 模块损坏，更换 ADAS 模块

续上表

DTC	故障描述	故障设置条件	故障分析	故障排除流程
U010005、U010004、U040100、U010000	EMS 通信故障	1. EMS 报文超时。2. EMS 报文出错	1. CAN 总线线路故障。2. EMS 软件版本不匹配。3. EMS 损坏	1. 诊断 CAN 总线硬件与软件,是否发现故障并排除;否:2。2. 诊断 EMS 版本信息,是否发现故障并排除;否:3。3. 对 EMS 做交叉验证,如确认 EMS 损坏,更换 EMS

三、混合动力汽车空调系统

(一)混合动力汽车空调系统概述

混合动力汽车空调系统与传统汽车空调系统的主要区别是用电动空调压缩机取代了皮带驱动的空调压缩机。电动空调压缩机由空调变频器提供交流电来驱动,该变频器安装在混合动力系统的变频器上。因此即使发动机不工作,空调系统也能工作,因而能达到良好的空气状况,同时也减少了油耗。

所有车型都采用自动空调系统作为标准配置。自动空调系统自动改变出风口、出风口温度和出气量,同时采用了鼓风机脉冲控制器,该控制器根据空调 ECU 提供的占空比信号控制输出电压来调节鼓风机电动机的转速,减少了由于传统鼓风机线性控制器发热所造成的功率损失,从而实现低油耗。

车内温度传感器增加了湿度传感器功能,当空调系统工作时,优化了除湿性能。因为采用了紧凑、轻型和高效的电动水泵,发动机停止时也能保证合适的暖风机性能;采用模糊控制功能来计算要求的出风口温度和自动空调控制系统的鼓风量,空调 ECU 可以计算出出风口温度、鼓风量、出风口数量和与运行环境相适应的压缩机转速,从而提高了乘坐舒适性。

1. 混合动力汽车空调系统的组成

混合动力汽车空调系统的组成如图 4-20 所示,组件位置如图 4-21～图 4-23 所示。

(1)压缩机。

汽车空调压缩机是汽车空调制冷系统的心脏,其作用是维持制冷剂在制冷系统中的循环,吸入来自蒸发器的低温、低压气态制冷剂,压缩转变为高温高压的气态制冷剂送往冷凝器。

目前,混合动力汽车空调上普遍使用的是电动变排量涡旋式压缩机,主要包括一对螺旋线缠绕的固定蜗形管和可变蜗形管、无刷电动机、油挡板和电动机轴,如图 4-24 所示。其工作原理主要包括三个过程,如图 4-25 所示。

压缩机结构

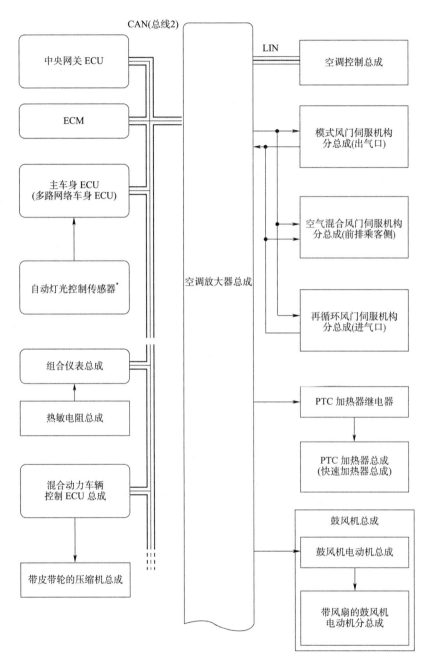

图 4-20 混合动力汽车空调系统的组成
*-带自动灯光控制传感器的车型

模块 四 混合动力汽车电子电力辅助系统

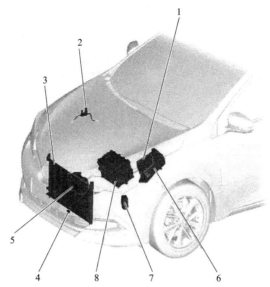

图4-21 混合动力汽车空调系统组件位置1

1-ECM；2-空调压力传感器；3-冷凝器总成；4-环境温度传感器；5-带皮带轮的压缩机总成；6-除雾器继电器（发动机舱2号继电器盒和接线盒总成）；7-PTC加热器继电器（发动机舱2号继电器盒和接线盒总成）；8-带转换器的逆变器总成

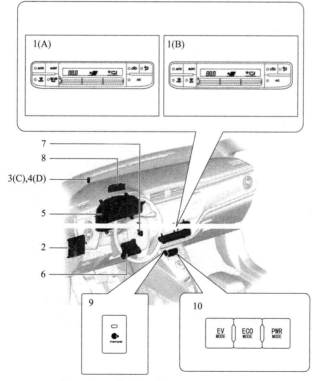

图4-22 混合动力汽车空调系统组件位置2

A——一汽丰田生产车型；B-广汽丰田生产车型；C-带自动灯光控制系统的车型；D-不带自动灯光控制系统的车型；1-空调控制总成；2-主车身ECU（多路网络车身ECU）；3-自动灯光控制传感器；4-冷却器（阳光传感器）热敏电阻；5-组台仪表总成；6-空调放大器总成；7-冷却器（车内温度传感器）热敏电阻；8-离子发生器；9-离子发生器开关；10-组合开关总成（ECO模式开关）

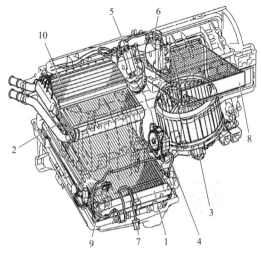

图 4-23 混合动力汽车空调系统组件位置 3

1-冷却器 1 号蒸发器分总成;2-加热器散热装置分总成;3-带风扇的鼓风机电动机分总成;4-空气混合风门伺服机构分总成(前排乘客侧);5-模式风门伺服机构分总成(出气口);6-再循环风门伺服机构分总成(进气口);7-空调线束总成;8-空调净化滤清器(空气细滤器滤芯);9-冷却器 1 号热敏电阻;10-PTC 加热器总成(快速加热器总成)

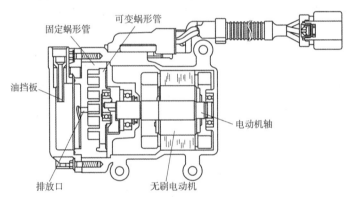

图 4-24 电动变频压缩机内部结构

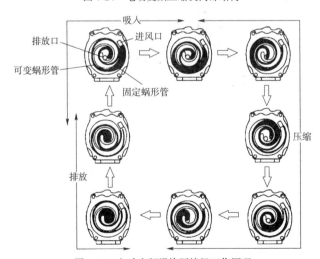

图 4-25 电动变频涡旋压缩机工作原理

①吸入过程。

在固定蜗形管和可变蜗形管间产生的压缩室容量随着可变蜗形管的旋转而增大,这时,气态制冷剂从进风口吸入。

②压缩过程。

吸入步骤完成后,随着可变蜗形管继续转动,压缩室的容积逐渐减小,吸入的气态制冷剂逐渐压缩并被排到固定蜗形管的中心,当可变蜗形管旋转约两周后,制冷剂的压缩过程完成。

③排放过程。

气态制冷剂压缩完成而压力较高时,通过按压排放阀,气态制冷剂通过固定蜗形管中心排放口排出。

(2)冷凝器。

冷凝器的作用是将压缩机排出的高温高压制冷剂蒸气进行冷却,使之凝结为高温高压的液体,由于制冷剂蒸发所放出的热量由周围的空气带走,排至大气中,实现了热量的转移。

小汽车冷凝器的安装位置一般都在散热器的前方,利用发动机冷却风扇吹来的新鲜空气和行驶中迎面吹来的空气流进行冷却。一些大、中型客车和一部分轻型客车,则把冷凝器安装在车厢两侧或后侧,以及车厢的顶部。汽车空调冷凝器的结构形式主要有管片式、管带式和平行流式三种,如图4-26所示。

技术提示

冷凝器大多布置在车头前部、侧面或车底,经常有地面泥浆溅上,降低冷凝器的散热效率;受到酸性腐蚀,冷凝器管路易烂穿。因此,清洁、检查冷凝器表面是空调系统日常维护的重要内容。

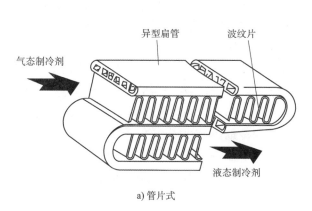

a) 管片式　　　　b) 管带式

图 4-26

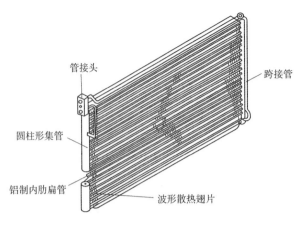

c) 平行流式

图 4-26 冷凝器

管片式冷凝器是由铜质或铝制散热圆管套上散热片组成的。片和管组装后,经膨胀和收缩处理,使散热片与散热管紧密接触,来保证热传递的顺利进行,并与其他附件组合成为冷凝器总成。这种冷凝器结构简单,加工方便,但散热效果不好,一般应用在大中型客车上。

管带式冷凝器是将铝合金多孔扁管弯成蛇形管,在蛇形管间放置波形翅片,然后进行整体钎焊而成。这种冷凝器传热效率比管片式冷凝器提高了 10% 左右。

平行流式冷凝器由管带式冷凝器演变而来,类似于把管带式冷凝器的蛇形管每根截断,两端各设置一根集管,将数根多孔扁管隔成一组,形成进口处管道多,随着制冷剂流向逐渐减少每组管道数,从而合理分配制冷剂流道,降低了制冷剂在冷凝中的压力损失,提高了换热效率。这种冷凝器传热效率比管带式冷凝器提高 20% ~ 40%,应用较为普遍。

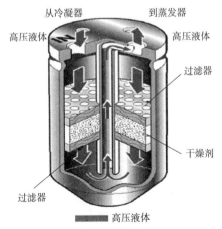

图 4-27 储液干燥器结构

(3)储液干燥器。

储液干燥器串联在冷凝器与膨胀阀之间的管路上,使从冷凝器中出来的高压制冷剂液体经过滤、干燥后流向膨胀阀,其作用是储液、干燥和过滤液态制冷剂。储液干燥器的组成如图 4-27 所示。

(4)膨胀阀。

节流装置的作用是对高压制冷剂液体进行节流降压,保证冷凝器和蒸发器的压力差,使得蒸发器中的液体制冷剂可以在要求的低压下蒸发吸热,冷凝器中的制冷剂蒸气可以在给定的高压下冷凝放热;另外一些节流装置还具有调节进入蒸发器制冷剂流量的作用。目前汽车空调制冷系统中主要采用 H 形热力膨胀阀。

H 形热力膨胀阀结构如图 4-28 所示。H 形热力膨胀阀有四个接口与制冷系统连接,其中两个接口与普通热力膨胀阀相同,一个连接储液干燥器,一个连接蒸发器进口;另外两个接口,一个连接蒸发器出口,一个连接压缩机进口。感温元件直接处在蒸发器出口的制冷剂气流中。该膨胀阀由于取消了F形热力膨胀阀中的感温包、毛细管和外平衡接管,提高了调节灵敏度,结构紧凑,抗振可靠。

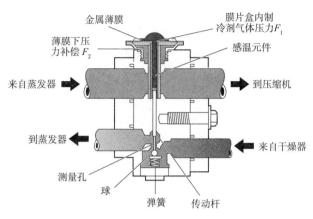

图4-28　H形膨胀阀结构

(5)蒸发器。

蒸发器的作用是将节流降压后的气液两相制冷剂,通过吸收流经蒸发器表面空气的热量,蒸发气化成制冷剂蒸气,使流经蒸发器周围的空气温度降低。

一般小汽车的蒸发器安装在车厢内仪表板下面靠近中央的位置,也有的将蒸发器安装在后车厢的,由于车厢的空间小,为此要求蒸发器应具有制冷效率高、尺寸小、质量轻等特点。汽车空调蒸发器按照结构形式分为管片式、管带式和层叠式三种结构,如图4-29所示。

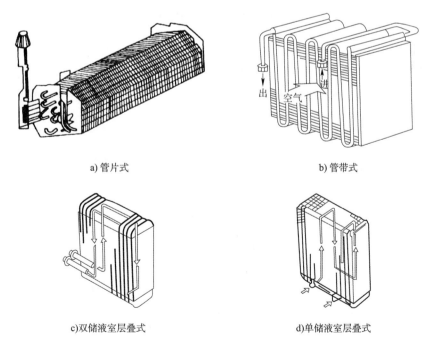

a) 管片式　　　　　　　　b) 管带式

c) 双储液室层叠式　　　　d) 单储液室层叠式

图4-29　蒸发器

管片式蒸发器由铜质或铝制圆管套上铝翅片组成,通过胀管工艺使铝翅片与圆管紧密接触。其特点是结构简单、加工方便,但换热效率差。

管带式冷凝器与管片式相似,由多孔扁管和蛇形散热铝带焊接而成。该蒸发器的换热效率比管片式高。

层叠式蒸发器由两片冲成复杂形状的铝板叠在一起组成制冷剂通道,每两片通道之间夹有蛇形散热铝带。早期层叠式蒸发器为双储液室,较常用单储液室蒸发器。单储液室蒸发器将具有分流、集合制冷剂功能的储液室集中在换热器单侧,可使换热器正面面积中进行换热的有效比例增加。层叠式蒸发器换热效率一般比管带式提高了10%~35%。

(6)混合动力汽车空调暖风系统。

混合动力汽车空调系统与传统汽车空调系统的主要区别是暖风蒸发箱总成内取消了暖风芯体,以高压PTC加热器进行替换,将原车利用发动机冷却液热量进行制暖的原理变更为采用电加热器直接加热混合动力汽车空调内部空气的方式,如图4-30所示。

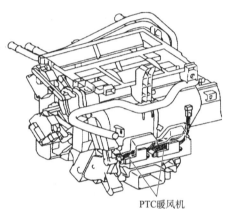

图4-30 PTC暖风机

①PTC加热器外形尺寸与暖风芯体接近,布置于原汽油版车型暖风芯体位置。

②控制方面通过PTC控制模块采集加热请求,同时根据VCU控制信号、PTC总成内部传感器温度反馈等信号综合控制PTC通断。

③C控制模块采集信息,内容包括风速、冷暖程度设置、出风模式、加热器启动请求、环境温度。

2.混合动力汽车空调系统的工作原理

(1)空调变频器。

变频器总成中的空调变频器内部如图4-31所示。变频器总成中的空调变频器为空调系统中电动变频压缩机供电,变频器将动力蓄电池的额定电压DC 201.6V转换为AC 201.6V来为空调系统中的压缩机供电。

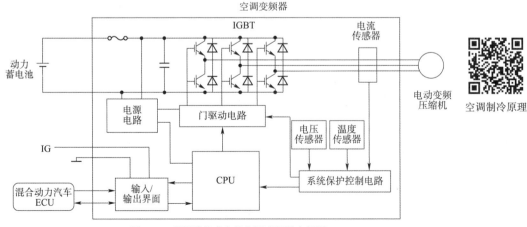

图4-31 变频器总成中的空调变频器内部图

> **技术提示**
>
> 因为空调压缩机里采用了电机,所以使用了具有高压绝缘性能的 ND11 型压缩机油。如果 ND8、ND9、ND10 或者其他类型的机油混进了空调循环系统,电绝缘性能将会大大降低(极可能会造成漏电)。

空调变频器调节压缩机原理如图 4-32 所示。

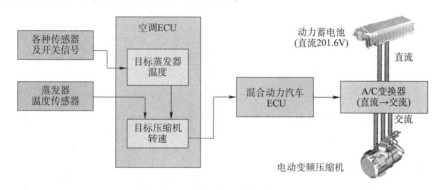

图 4-32　空调变频器调节压缩机原理

(2)蒸发器。

如图 4-33 所示,空调系统采用了 RS(改良型条状)蒸发器,在蒸发器装置的顶部和底部有储液罐并使用了微孔管结构,从而达到增强导热性、使散热更集中、使蒸发器更薄的效果。

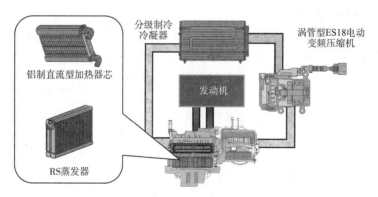

图 4-33　空调系统

(3)暖风机芯。

如图 4-33 所示,空调系统采用 SFA(直吹铝制)暖风机芯,与传统 SFA 暖风机芯一样,也是采用直吹(全程吹风)型暖风机芯。

(4)PTC 暖风机和鼓风机脉冲控制器。

如图 4-30 所示,2 个 PTC(正温度系数热敏电阻)暖风机安装在暖风机芯上,电流通过PTC 元件来加热流经散热片的空气。

(5) 冷凝器。

目前所采用的是分级制冷式冷凝器。

(6) 水泵。

目前采用的是电动水泵。

(7) 车内温度和湿度传感器。

如图 4-34 所示,湿度传感器被加入车内温度传感器中,通过检测车内的湿度,这个功能优化了空调系统操作期间的除湿效率。

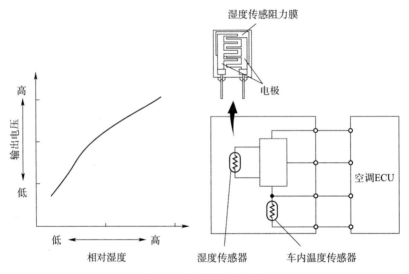

图 4-34　温度和湿度传感器

(8) 鼓风机脉冲控制器。

如图 4-35 所示,鼓风机电动机转速由来自鼓风机脉冲控制器的占空信号进行控制。来自空调 ECU 的占空信号:0~5V,到鼓风机电机的信号:0~13.5V(+B)。

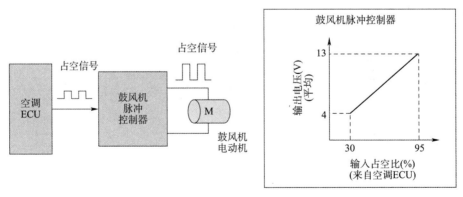

图 4-35　鼓风机脉冲控制器

(9) 神经网络控制。

该控制通过人工模拟生物神经系统的信息处理方法,进行复杂的控制,以建立类似人脑的复杂输入/输出关系,如图 4-36 所示。

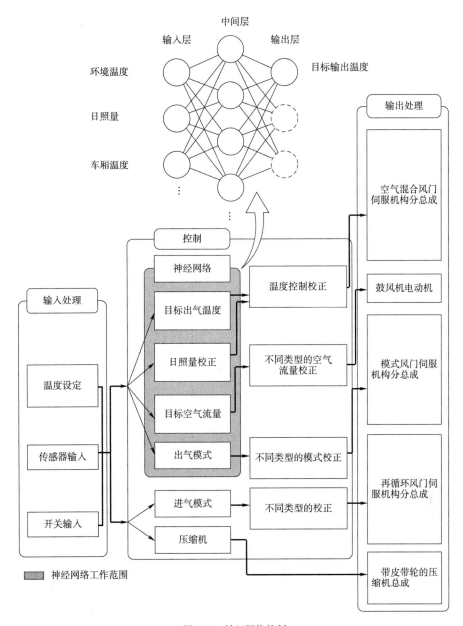

图 4-36 神经网络控制

(10)制冷剂量检测控制。

空调放大器总成根据环境温度、制冷剂压力和刚刚流经 1 号蒸发器总成的冷却空气温度判断制冷剂量。如果空调放大器总成判断制冷剂量不足,其熄灭空调开关指示灯,此时带皮带轮的压缩机总成停止工作,如图 4-37 所示。

(二)混合动力汽车空调系统检修

1. 比亚迪唐 DM-i 混动版空调系统的维修注意事项

(1)维护空调系统必须由专业技术人员进行。

(2)维修前应使工作区通风,请勿在封闭的空间或接近明火的地方操作制冷剂。维修前应戴好眼罩,保持至维修完毕。尽量避免液体制冷剂接触眼睛和皮肤。若液体制冷剂接触眼睛和皮肤,应用冷水冲洗,并注意不要揉眼睛或擦皮肤,应在皮肤上涂凡士林软膏。严重的要立刻找医生或医院寻求专业治疗。

(3)制冷系统中如果没有足够的制冷剂,请勿运转压缩机,避免由于系统中无充足的制冷剂并且润滑油不足造成的压缩机可能烧坏的情况。

(4)压缩机运转时不要打开压力表高压阀,只能打开和关闭低压阀。

(5)冷冻油必须使用专用冷冻油,不可乱用其他品牌的润滑油代替,更不能混用(不同牌号)。

(6)空调系统制冷剂加注量为1000g,冷冻油总量为180mL,当系统因渗漏导致冷冻油总量低于140mL时,就有可能造成压缩机的过度磨损,因此维修站应视情况补加冷冻油。

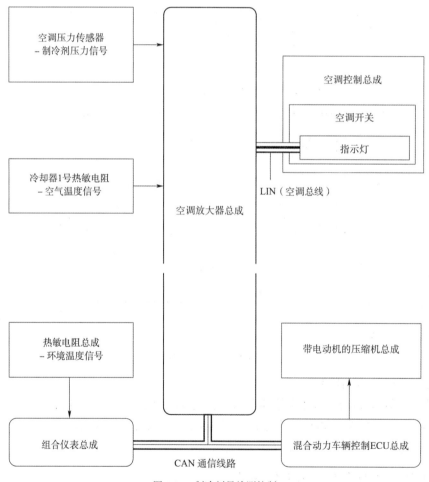

图4-37　制冷剂量检测控制

(7)空调压力保护方式是通过压力传感器,当空调ECU检测到压力过高或过低时会保护空调系统。温度保护方式分为蒸发器温度保护(低温保护0~2℃);压缩机IPM(智能功率模块)温度过高保护(高温保护100℃)。

(8)维修时应注意,打开管路的"O"形圈必须更换,并在装配前在密封圈上涂冷冻油后按要求力矩连接。

(9)维修中严格按技术要求操作(充注量、冷冻油型号、力矩要求等),按照要求检修空调,保证空调系统的正常工作和使用寿命。

(10)因冷冻油具有较强的吸水性,在拆下管路时要立即堵塞或口盖堵住管口,不要使湿气或灰尘进入制冷系统。

(11)在排放系统中过多的制冷剂时,不要排放过快,以免将系统中的压缩机油也抽出来。

(12)定期清洁空气过滤网,保持良好的空气调节质量。

(13)检查冷凝器散热片表面是否有脏污,不要用蒸汽或高压水枪冲洗,以免损坏冷凝器散热片,应用软毛刷刷洗。

(14)避免制冷剂过量。若制冷剂过量,会导致制冷不良。

2. 比亚迪唐DM-i混动版空调系统制冷剂的加注

(1)回收制冷系统中的制冷剂。

①将电源开关置于ON位置。

②在表4-5所示条件下操作压缩机。

压缩机操作条件　　　　　　　　　　　　　　表4-5

项目	条件	项目	条件
操作时间	3min或更长时间	电源开关	ON(READY)
温度设定	MAX COOL	空调开关	打开
鼓风机转速	高		

③将电源开关置于OFF位置。

④使用制冷剂回收装置从空调系统中回收制冷剂。

(2)空调系统制冷剂的更换。

①用真空泵或者合适的设备进行真空清污操作。

②向空调系统加注制冷剂,制冷剂类型:R134a。

(3)压缩机暖机。

(4)检查制冷剂是否泄漏。

①向空调系统加注制冷剂后,使用卤素泄漏检测器检查制冷剂是否泄漏。

②在下列条件下进行测试:将电源开关置于OFF位置,确保通风良好,重复检查2~3次,测量压力以确认空调系统内残留有制冷剂,压缩机关闭时的压力为392~588kPa。

③使用卤素泄漏检测器检查制冷剂是否泄漏,如图4-38所示。

④关闭卤素泄漏检测器电源,将其靠近冷却器排放软管,然后打开检测器,如图4-39所示。

制冷系统抽真空

⑤如果在冷却器排放软管处未检测到制冷剂泄漏,则从空调装置总成上拆下带风扇的鼓风机电动机分总成,将卤素泄漏检测器传感器插入空调装置总成,并检查是否泄漏。

⑥断开空调压力传感器连接器,放置约 20min,将卤素泄漏检测器靠近空调压力传感器,并检查是否泄漏。

图 4-38　检查制冷剂是否泄漏　　　　图 4-39　靠近冷却器排放软管检测泄漏

3. 比亚迪唐 DM-i 混动版空调系统的基本诊断步骤

(1)根据客户描述,对照故障症状表,分析故障症状。

(2)检查辅助蓄电池电压。

(3)将 VDS 连接到车上,检查 DTC,并保存定格数据。

(4)根据故障码并对照故障代码表,确定故障的部位及修理方法。

(5)按照故障原因和部位进行诊断,对确定故障部位进行修理。

(6)清除空调系统 ECU 中存储的故障代码。

(7)进行相关的试验及路试,若代码和故障现象同时消失,说明故障已排除,并删除故障码。

4. 比亚迪唐 DM-i 混动版空调系统的故障症状表

空调系统的故障症状见表 4-6。

故障症状表　　　　　　　　　　　　　　表 4-6

故障症状	可能发生故障部位
空调系统所有功能失效	1. 右车身控制器电源电路; 2. 空调面板电源电路; 3. 右车身控制器; 4. CAN 通信; 5. 线束或连接器
仅制冷系统失效 (鼓风机工作正常)	1. 压缩机熔断器; 2. 压缩机控制器; 3. 空调电机驱器; 4. 空调面板; 5. 压力异常; 6. CAN 通信; 7. 线束或连接器

续上表

故障症状	可能发生故障部位
制冷系统工作不正常 (实际温度与设定温度有偏差)	1. 各传感器(室内、室外温度传感器); 2. 右车身控制器; 3. 线束和连接器
鼓风机不工作	1. 鼓风机熔断器; 2. 鼓风机继电器; 3. 鼓风机; 4. 调速模块; 5. 右车身控制器; 6. 线束或连接器
鼓风机风速不可调 (鼓风机工作正常)	1. 鼓风机调速模块; 2. 空调面板; 3. 右车身控制器; 4. CAN 通信; 5. 线束或连接器
出风模式调节不正常	1. 出风模式控制电机; 2. 右车身控制器; 3. 线束和连接器
主驾驶侧温度调节不正常	1. 主驾驶侧空气混合电机; 2. 右车身控制器; 3. 线束和连接器
副驾驶侧温度调节不正常	1. 副驾驶侧空气混合电机; 2. 右车身控制器; 3. 线束或连接器
内外循环调节失效	1. 循环控制电机; 2. 右车身控制器; 3. 线束和连接器
后除霜失效	1. 后除霜熔断器; 2. 后除霜继电器; 3. 后除霜电加热丝; 4. 继电器控制模块; 5. CAN 通信; 6. 线束或连接器
电池冷却系统	1. 熔断器; 2. 电磁阀; 3. 温压传感器; 4. 电子膨胀阀; 5. 线束或连接器

5. 比亚迪唐 DM-i 混动版空调系统诊断故障码表

空调系统诊断故障码见表 4-7。

诊断故障码表　　　　　　　　　　　　　　　　　　　　　　　表 4-7

诊断故障码（DTC）	故障描述	可疑部位
B2A2013	车内温度传感器开路	室内传感器回路
B2A2111	车内温度传感器对地短路	室内传感器回路
B2A2213	车外温度传感器开路	室外传感器回路
B2A2311	车外温度传感器对地短路	室外传感器回路
B2A2413	蒸发器温度传感器开路	蒸发器传感器回路
B2A2511	蒸发器温度传感器对地短路	蒸发器传感器回路
B2A5813	主驾驶座吹面出风温度传感器开路	主驾驶座吹面出风传感器回路
B2A5811	主驾驶座吹面出风温度传感器对地短路	主驾驶座吹面出风传感器回路
B2A5913	主驾驶座吹脚出风温度传感器开路	主驾驶座吹脚出风传感器回路
B2A5911	主驾驶座吹脚出风温度传感器对地短路	主驾驶座吹脚出风传感器回路
B2A5A13	副驾驶座吹面出风温度传感器开路	副驾驶座吹面出风传感器回路
B2A5A11	副驾驶座吹面出风温度传感器对地短路	副驾驶座吹面出风传感器回路
B2A5B13	副驾驶座吹脚出风温度传感器开路	副驾驶座吹脚出风传感器回路
B2A5B11	副驾驶座吹脚出风温度传感器对地短路	副驾驶座吹脚出风传感器回路
B2A4E13	高压管路的压力传感器断路	高压管路的压力传感器回路
B2A4F11	高压管路的压力传感器对电源短路	高压管路的压力传感器回路
B2A2F09	高压管路处于高压状态或低压状态	高压管路的压力传感器回路
B2A2A14	模式电机对地短路或开路	模式电机回路
B2A2A12	模式电机对电源短路	模式电机回路
B2A2A92	模式电机转不到位	模式电机回路
B2A4B14	循环电机对地短路或开路	循环电机回路
B2A4B12	循环电机对电源短路	循环电机回路
B2A4B92	循环电机转不到位	循环电机回路
B2A2B14	主驾驶座冷暖电机对地短路或开路	主驾驶座冷暖电机回路
B2A2B12	主驾驶座冷暖电机对电源短路	主驾驶座冷暖电机回路
B2A2B92	主驾驶座冷暖电机转不到位	主驾驶座冷暖电机回路

续上表

诊断故障码（DTC）	故障描述	可疑部位
B2A2C14	副驾驶座冷暖电机对地短路或开路	副驾驶座冷暖电机回路
B2A2C12	副驾驶座冷暖电机对电源短路	
B2A2C92	副驾驶座冷暖电机转不到位	
B2A2914	除霜电机对地短路或开路	除霜电机回路
B2A2912	除霜电机对电源短路	
B2A2992	除霜电机转不到位	
B2A3214	前排鼓风机对地短路或开路	鼓风机回路
B2A3314	前排鼓风机调整信号对地短路或开路	
U010C87	前空调控制器与四合一传感器失去通信	左域发送的四合一传感器信号
U025487	与PTC失去通信	PTC线束或PTC
U025387	与压缩机失去通信	空调子网线束或压缩机
B2A0717	电源电压过压（高于16V）	ECU工作电源
B2A0716	电源电压欠压（低于9V）	ECU工作电源
B2A6700	电动压缩机多次启动失败	压缩机
B2A0F13	直冷板出口温度传感器断路	PT传感器或线束
B2A1012	直冷板出口温度传感器短路	PT传感器或线束
B2A1113	直冷板出口压力传感器断路	PT传感器或线束
B2A1212	直冷板出口压力传感器短路	PT传感器或线束
U011187	右车身控制器与BMS失去通信	右车身控制器或BMS或网关
B2AB049	电流采样电路故障	空调压缩机
B2AB149	电机缺相故障	空调压缩机
B2AB249	IPM/IGBT故障	空调压缩机
B2AB349	内部温度传感器故障	空调压缩机
B2AB41D	内部电流过大故障	空调压缩机
B2AB573	启动失败故障	空调压缩机
B2AB64B	内部温度异常	空调压缩机
B2AB774	转速异常故障	空调压缩机
B2AB81C	相电压过高故障	空调压缩机
B2AB997	负载过大故障	空调压缩机
B2ABC16	负载电压低压故障	电池包

续上表

诊断故障码(DTC)	故障描述	可疑部位
B2ABA1C	内部低压电源故障	电池包
B2ABB17	负载电压过压故障	空调压缩机、线束
B121293	PTC 驱动组件故障	风加热 PTC
B121393	PTC 加热组件故障	风加热 PTC
B123E49	采集不到主驾驶侧 PTC 芯体表面的温度	风加热 PTC
B123F49	采集不到副驾驶侧 PTC 芯体表面的温度	风加热 PTC
B12401D	母线过电流	风加热 PTC
B12414B	主驾驶侧 IGBT 过热	风加热 PTC
B12424B	副驾驶侧 IGBT 过热	风加热 PTC
B12434B	主驾驶侧 PTC 芯体过热	风加热 PTC
B12444B	副驾驶侧 PTC 芯体过热	风加热 PTC
B124517	低压侧电压过压	风加热 PTC
B124516	低压侧电压欠压	风加热 PTC
B124617	高压侧电压过压	风加热 PTC
B124616	高压侧电压欠压	风加热 PTC
U016487	与域控制器失去通信	CAN 通信
B124800	采集不到主驾驶侧 PTC 芯体后温度	CAN 通信
B124900	采集不到副驾驶侧 PTC 芯体后温度	CAN 通信

技能实训

(一) 混合动力汽车动力转向系统的认识

1. 准备工作

(1) 场地设施:装有废气抽排系统和消防设施的场地。

(2) 设备设施:比亚迪唐 DM-i 混动版混合动力汽车一辆。

(3) 工具资料:常用工具(一套)、维修手册等。

2. 实训过程

(1) 在维修手册中找到车辆动力转向系统结构图,如图 4-40 所示,熟悉混合动力车辆动力转向系统结构。

(2) 按照图 4-40 提示的名称及位置,在汽车上找到相应的部件。

模块 四　混合动力汽车电子电力辅助系统

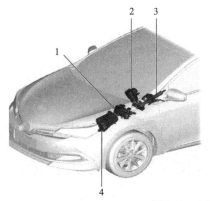
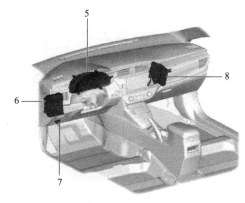

图 4-40　电子动力转向系统组成部件的位置

1-带主缸的制动助力器总成;2-动力转向 ECU 总成;3-动力转向电动机(转角传感器);4-发动机舱 1 号继电器盒子和 1 号接线盒总成;5-组合仪表总成;6-仪表板接线盒总成;7-DLC3;8-混合动力车辆控制 ECU

(二)混合动力汽车 EPS 电子控制单元故障检修

1. 准备工作

(1)场地设施:装有废气抽排系统和消防设施的场地。

(2)设备设施:比亚迪唐 DM-i 混动版混合动力汽车一辆。

(3)工具资料:常用工具(一套)、维修手册等。

2. 实训过程

(1)使用 VDS 进行主动测试,转至故障症状表中所示的下一个可疑部位。

(2)检查接插件 G59 与 EPS 电子控制单元连接是否正常。

(3)检查 EPS 电子控制单元 G59-5、G59-11 电压是否为 10～14V,B11-2 是否和地良好导通。

(4)熔断器 F2/27 是否导通且 B11-2 和 B12 之间电阻是否小于 1Ω。

(5)检查相关线束是否存在其他短路或开路。

(6)更换 EPS 电子控制单元,使用诊断仪清理诊断故障代码。

(三)混合动力汽车 IPB 近程制动液壶更换

1. 准备工作

(1)场地设施:装有废气抽排系统和消防设施的场地。

(2)设备设施:比亚迪唐 DM-i 混动版混合动力汽车一辆。

(3)工具资料:常用工具(一套)、维修手册等。

2. 实训过程

(1)将 IPB 售后件总成上 Bosch 近程制动液壶拆卸下来,如图 4-41 所示。

(2)检查取下近程制动液壶后的液压单元接口,确认制动液滤网是否安装在正确的位置上(拆卸近程制动液壶时可能将制动液滤网带出来)。若制动液滤网不在正确位置上,则需要将滤网里的定位销正确插入液压单元里的定位盲孔,确保安装正确,如图 4-42

所示。

图4-41 拆卸近程制动液壶

图4-42 制动液滤网

(3)将比亚迪近程制动液壶安装到IPB售后件总成上,从售后备件包中取出新的比亚迪近程制动液壶,并组装密封圈,然后用制动液对其进行润滑,如图4-43所示。

(4)通过向下旋转将近程制动液壶与组装好的密封圈对准液压单元连接口的位置,将近程制动液壶向下压以使近程制动液壶固定螺钉通过螺栓孔组装(图4-44);手动插入螺钉,并使用扭力扳手以规定的5.5N·m±0.5N·m的力矩将近程制动液壶固定在IPB液压单元上。

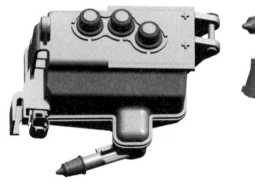
图4-43 在比亚迪近程制动液壶密封圈上涂抹制动液

图4-44 安装近程制动液壶定位螺钉

(四)混合动力汽车右车身控制器更换

1. 准备工作

(1)场地设施:装有废气抽排系统和消防设施的场地。

(2)设备设施:比亚迪唐DM-i混动版混合动力汽车一辆。

(3)工具资料:常用工具(一套)、维修手册等。

2. 实训过程

(1)拆卸右侧隔音垫。

(2)拆卸杂物箱。

(3)断开接插件。

(4)拆卸右车身控制器,拆卸2个螺栓。将整个控制器模块往上提,取下右车身控制器,如图 4-45 所示。

（5）安装右车身控制器，接回接插件。将右车身控制器对准安装孔，并装上 2 个螺栓。

（6）安装杂物箱，安装右侧隔音垫。

模块小结

（1）混合动力汽车的电子动力转向（EPS）系统采用安装在转向柱上的电动机和减速机构的操作，产生转矩以辅助转向力矩。

（2）动力转向 ECU 根据车速信号和来自内置于电动转向柱分总成的转矩传感器的信号，确定辅助动力的方向及大小。

（3）转角传感器将动力转向电动机的转角发送至动力转向 ECU。

图 4-45　更换右车身控制器

（4）转矩传感器检测扭力杆的扭曲度。

（5）转向柱总成由电动转向柱分总成、动力转向电动机和动力转向 ECU 总成组成。

（6）电气负载控制：动力转向 ECU 总成检测到辅助蓄电池电压下降时，其将电气负载控制信号传输至空调放大器总成以限制电气使用，空调放大器总成限制后风窗除雾器的操作，直至动力转向 ECU 总成解除限制要求，防止辅助蓄电池电压降低时辅助转矩减小。

（7）SRS 空气囊系统操作注意事项：车辆配备有辅助约束系统（SRS），如果不按照正确顺序进行维修操作，则可能导致 SRS 在维修过程中意外展开，这可能造成严重事故。维修（包括检查、更换、拆卸和安装零件）前，一定要阅读辅助约束系统的注意事项。

（8）混合动力汽车的制动系统采用电子控制制动系统。

（9）电子控制制动系统可以根据驾驶人踩制动踏板的程度和所施加的力计算制动，该系统一旦收到防滑控制 ECU 的信号，将实现 4 个车轮的液压控制。

（10）除非需要，否则不要拆下或安装电子控制制动系统零件，如转角传感器、横摆率和加速度传感器或制动踏板行程传感器总成，因为它们在拆下和安装后需要正确调节。

（11）更换电动转向柱总成或者动力转向 ECU 总成后，校准转矩传感器零点。

（12）如果已经拆下并安装带主缸的制动助力器总成或者传感器，则必须在重新装配零件后，检查系统是否有故障。使用 GTS（汽车故障诊断仪）检查 DTC，同时用测试模式检查并确认系统功能和 ECU 接收的信号正常。

（13）DTC 注意事项：仅通过维修故障零件不能清除某些 DTC 警告。如果维修工作完成后显示警告信息，则应在电源开关置于 OFF 位置后清除 DTC。检测到两个或多个 DTC 时，逐一进行电路检查直至识别出故障。

（14）混合动力汽车空调系统与传统汽车空调系统的主要区别是用电动空调压缩机取代了皮带驱动的空调压缩机。

（15）目前混合动力汽车空调上普遍使用的是电动变排量涡旋式压缩机，主要包括一对螺旋线缠绕的固定蜗形管和可变蜗形管、无刷电动机、油挡板和电动机轴。

(16)冷凝器作用是将压缩机排出的高温高压制冷剂蒸气进行冷却,使之凝结为高温高压的液体。

(17)鼓风机电动机转速由来自鼓风机脉冲控制器的占空信号进行控制。

(18)神经网络控制通过人工模拟生物神经系统的信息处理方法,进行复杂的控制,以建立类似人脑的复杂输入/输出关系。

(19)制冷剂量检测控制是空调放大器总成根据环境温度、制冷剂压力和刚刚流经1号蒸发器总成的冷却空气温度判断制冷剂量。

思考与练习

(一)填空题

1. 电子动力转向(EPS)系统仅在_____时才激活动力转向电动机。

2. 转向柱总成由_____、_____和_____组成。

3. 驾驶人未转动转向盘时,动力转向转矩传感器将_____输出至动力转向ECU总成。只要输出_____,动力转向ECU总成就会判定未向转向盘施加转矩。

4. 电子动力转向系统的基本控制是根据驾驶人的输入转矩信号,控制_____和_____以获得目标辅助力。

5. 汽车空调压缩机是汽车空调制冷系统的心脏,其作用是维持制冷剂在制冷系统中的循环,吸入来自蒸发器的_____、_____气态制冷剂转变为_____、_____的气态制冷剂送往冷凝器。

6 目前混合动力汽车空调上普遍使用的是电动_____涡旋式压缩机。

7. 汽车空调冷凝器的结构形式主要有_____、_____和_____三种。

8. 鼓风机电动机转速由来自鼓风机脉冲控制器的_____进行控制。

9. 在进行制冷剂加注操作时,应佩戴_____进行防护。

10. 在进行空调系统的维修时,不要在密闭区域或_____的地方处置制冷剂。

(二)判断题

1. 动力转向ECU根据车速信号和来自内置于电动转向柱分总成的转矩传感器的信号,确定辅助动力的方向及大小。( )

2. 转角传感器将动力转向电动机的转角发送至动力转向ECU。( )

3. 转矩传感器检测扭力杆的扭曲度。( )

4. 除非需要,否则不要拆下或安装电子控制制动系统零件。( )

5. 更换电动转向柱总成或者动力转向ECU总成后,校准转矩传感器零点。( )

6. 如果已经拆下并安装带主缸的制动助力器总成或者传感器,则必须在重新装配零件后,检查系统是否有故障。( )

7. 混合动力汽车空调系统与传统汽车空调系统的主要区别是电动空调压缩机取代了皮带驱动的空调压缩机。( )

8. 鼓风机电动机转速由来自鼓风机脉冲控制器的占空信号进行控制。( )

9. 更换制冷剂时,注意不要让液体制冷剂溅入眼睛或者溅到皮肤上。　　　(　)
10. 更换制冷剂时,不需要佩戴护目镜。　　　(　)

(三)简答题

1. 混合动力汽车采用电子动力转向(EPS)系统的优点有哪些?
2. 电子动力转向系统的基本诊断步骤是什么?
3. 混合动力汽车动力转向系统校准是什么?
4. 汽车空调压缩机的功用是什么?
5. 汽车空调加注制冷剂的基本步骤是什么?
6. 同学们在进行混合动力汽车检修时,查找资料辅助维修的技巧有哪些?

模块五
混合动力汽车储能装置与管理系统

学习目标

知识目标

1. 了解混合动力汽车动力蓄电池技术路线;
2. 掌握混合动力汽车储能装置的结构;
3. 掌握混合动力汽车储能装置的工作原理;
4. 熟悉混合动力汽车电池管理系统的结构;
5. 了解混合动力汽车热管理系统知识;
6. 掌握混合动力汽车电池管理系统的工作原理。

技能目标

1. 能够熟练读取储能装置故障码及数据流;
2. 能够规范完成高压断电操作;
3. 能够规范拆卸和安装高压线束;
4. 能够熟练拆卸和安装动力蓄电池。

素质目标

1. 通过学习我国锂离子电池最新技术,培养创新思维;
2. 通过规范高压电安全防护操作,培养安全意识;
3. 通过混合动力汽车储能装置与管理系统技能训练,培养集体意识和团队合作精神。

▶ 建议课时:**14 课时**。

一、混合动力汽车储能装置的定义与分类

(一) 混合动力汽车储能装置的定义

储能技术是通过介质将能量储存起来,以便以后需要时利用的技术。混合动力汽车储能装置可以分为二次电池、超级电容和飞轮电池这三类。目前混合动力汽车上常用的储能装置为二次电池。

(二)混合动力汽车储能装置的分类

1. 二次电池

二次电池是一种能量转化与储存的装置,它主要通过化学反应将化学能转化为电能。混合动力汽车上使用的二次电池也可以称为动力蓄电池,动力蓄电池使得混合动力汽车具有了储存电能和释放电能的能力。目前混合动力汽车上最常见的动力蓄电池有铅酸蓄电池、镍氢电池和锂离子电池这三类。

2. 超级电容

超级电容是从20世纪七八十年代发展起来的通过极化电解质来储存电能的一种电化学元件。它不同于传统的电池,是一种介于传统电容器与电池之间,具有特殊性能的元件,主要依靠电荷的存储来储存电能。但在其储能的过程中并不发生化学反应,因此超级电容可以反复充放电数十万次。

3. 飞轮电池

飞轮电池是20世纪90年代才提出的新概念电池,它突破了化学电池的局限,用物理方法实现储能。飞轮电池中有一个电机,充电时该电机以电动机形式运转,在外电源的驱动下,电机带动飞轮高速旋转,即用电给飞轮电池"充电";放电时,电机则以发电机状态运转,在飞轮的带动下对外输出电能,完成机械能(动能)到电能的转换。

(三)混合动力汽车动力蓄电池的性能参数

1. 电压(V)

(1)开路电压:电池在开路时电池两端的电压。

(2)额定电压:电池在标准规定条件下工作时电池两端达到的电压。

(3)工作电压:在电池两端接上负载后,在放电过程中,电池两端的电压。

(4)终止电压:电池在标准放电条件下放电的过程中,电池两端的电压将逐渐下降,当电池不易再继续放电时,电池的最低电压称为终止电压。

2. 电池容量(A·h)

电池容量表示电池存储电量的大小,是指一定条件下电池放电到截止电压时放出的电量。

(1)理论容量:根据电池活性物质的特性,计算出的理论值。一般用质量比容量(A·h/kg)或者体积比容量(A·h/L)来表示。

(2)实际容量:在一定工作条件下所输出的电量,等于放电电流与放电时间的乘积。

(3)额定容量:按照标准放电条件下,电池所输出的电量。

(4)荷电状态:荷电状态(SOC)描述电池剩余容量占额定容量的百分比,是电池运行中一个重要的技术参数。SOC = 1 表示电池为充满状态。随着电池放电,电池的电荷逐渐减少,可以用SOC的百分数形式来表示电池中电荷的变化状态。控制电池运行时必须考虑其荷电状态,能够精确地估算电池的荷电状态,对SOC的实时监控就可为电池的使用提供良好的指导,避免电池在使用过程中出现过充电和过放电的情况。一般电池放电高效率区域为

SOC 在 50%~80% 范围。

3. 能量(W·h、kW·h)

在标准放电条件下,电池所输出的电能称为电池的能量,可表示为电池的电压与容量的乘积,单位为瓦时(W·h)。

(1)标称能量:在标准规定的放电条件下,电池所输出的能量。电池的标称能量是电池的额定电压与额定容量的乘积。

(2)实际能量:在实际规定的放电条件下,电池所输出的能量。电池的实际能量是电池的平均工作电压与实际容量的乘积。

(3)比能量(W·h/kg):比能量也就是质量能量密度,是指电池单位质量所能输出的电能。电池的质量包括电池本身结构质量和电解质质量的总和。混合动力汽车所采用的动力蓄电池要求有比较大的比能量,比能量是保证混合动力汽车能够达到基本合理行驶里程的重要性能参数,是评价混合动力汽车动力蓄电池满足设计续驶里程与否的重要指标。常用动力蓄电池的比能量参数见表5-1。

常用动力蓄电池的比能量参数　　　　　　　　　　　　　　　表5-1

电池类型	铅酸电池	镍氢电池	锂离子电池
工作电压(V)	2	1.2	3.7
质量比能量(W·h/kg)	30~50	60~80	100~120
体积比能量(W·h/L)	60~90	150~200	250~500
质量比功率(W/kg)	200~500	500~1000	1000~1200

(4)能量密度(W·h/L):能量密度也就是体积能量密度,动力蓄电池的体积能量密度是指电池单位体积所能输出的电能。

4. 功率(W、kW)

电池的功率表示电池输出能量的速率,一定标准所规定的放电条件下,单位时间内电池输出的能量,称为电池的功率,单位为瓦(W)。

(1)比功率(W/kg):比功率是指电池单位质量所能输出电能的功率。比功率是评价动力蓄电池能否满足混合动力汽车加速与爬坡能力的重要指标。

(2)功率密度(W/L):功率密度是指电池单位体积所能输出电能的功率。

5. 电池的内阻(Ω)

电池的内阻是指电池在工作时,电流流过电池内部所受到的阻力。由于电池的内阻,电池在放电时电池两端电压低于开路电压。

6. 电池的循环次数(次)

动力蓄电池充电和放电为一个循环,按一定的测试标准,当电池容量降到某一规定值(我国标准规定为额定值的80%)以前,电池经历的充放电循环次数也称为循环使用寿命。随着充放电次数的增加,动力蓄电池中的化学活性物质会发生老化变质,逐渐减弱其化学功能,降低充、放电效率,最后部分或完全丧失充电或放电功能。

7. 电池的使用年限(年)

动力蓄电池除了用电池的循环次数表示使用时间外,通常还要用电池的使用年限来表示动力蓄电池的使用寿命。

8. 放电速率(放电率)

放电速率是表示放电快慢的一种度量。电池以一定的电流强度放电直到电池电压降低到终止电压时,所需要的放电时间称为放电速率。电池所有的容量在1h放电完毕,称为1C放电速率,电池所有的容量在5小时放电完毕,则称为1/5=0.2C放电速率。

9. 自放电率

自放电率又称荷电保持能力,是指电池在开路状态下,电池所储存的电量在一定条件下的保持能力。在电池的存放时间内,电池自身放电,使得电池容量下降。自放电率用单位时间内电池容量下降的百分数来表示。

二、混合动力汽车动力蓄电池

(一) 铅酸蓄电池

铅酸蓄电池是第一代动力蓄电池,1895年,法国科学家普兰特研制成功第一只可充电的铅酸电池,距今已有100多年的历史了。随着设计和工艺的不断改进,铅酸蓄电池具有生产技术成熟、性能稳定、产品价格低、原材料来源丰富和可回收再循环利用等优点。

铅酸蓄电池的结构如图5-1所示,铅酸蓄电池主要由正极板、负极板、电解液、隔板、槽和盖等组成。正、负极板都浸在一定浓度的硫酸水溶液中,隔板为电绝缘材料,将正、负极隔开。正极活性物质是氧化铅(PbO_2),负极活性物质是海绵状金属铅,电解液是硫酸。正、负两极活性物质在电池放电后都转化为硫酸铅($PbSO_4$),这就是"双硫酸盐化"理论。

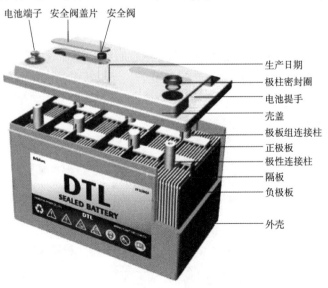

图5-1 铅酸蓄电池的结构

铅酸蓄电池充放电时主要发生如下电化学反应。

正极：

$$PbSO_4 + 2H_2O \xrightarrow[\text{放电}]{\text{充电}} PbO_2 + H_2SO_4 + 2H^+ + 2e^- \tag{5-1}$$

副反应：

$$H_2O \xrightarrow{\text{充电}} 1/2O_2 + 2H^+ + 2e^- \tag{5-2}$$

负极：

$$PbSO_4 + 2H^+ + 2e^- \xrightarrow[\text{放电}]{\text{充电}} Pb + H_2SO_4 \tag{5-3}$$

副反应：

$$2H^+ + 2e^- \xrightarrow{\text{充电}} H_2 \tag{5-4}$$

$$PbSO_4 + 2H_2O \xrightarrow[\text{放电}]{\text{充电}} PbO_2 + Pb + 2H_2SO_4 \tag{5-5}$$

铅酸蓄电池具有以下优点：

(1) 自放电率小，25℃下自放电率小于 2%/月。
(2) 电池寿命较长。
(3) 结构紧凑，密封良好，抗振性能好，比容量高。
(4) 电池的高低温性能较好，可在 40~50℃ 范围内使用。
(5) 价格低廉，制造及维护成本低。
(6) 无"记忆效应"。
(7) 电池失效后的回收利用技术比较成熟，回收利用率高。

与镍氢电池、锂离子蓄电池相比，铅酸蓄电池也存在许多不足，最为突出的是比能量低，一般为 30~50W·h/kg，其次循环寿命短，另外由于在制造和使用过程中会产生污染，铅酸蓄电池的发展受到了制约。

(二) 镍氢蓄电池

20 世纪 70 年代中期，美国研制成功了功率大、质量轻、寿命长、成本低的镍氢蓄电池，并且于 1978 年成功地将这种电池应用在导航卫星上。镍氢蓄电池的结构如图 5-2 所示。

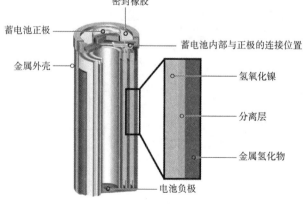

图 5-2 镍氢蓄电池的结构

镍氢蓄电池是新型环保的二次碱性电池,与传统的铅酸蓄电池相比具有更高的比能量和循环寿命。镍氢蓄电池正极活性物质为 NiOOH(放电时)和 Ni(OH)$_2$(充电时),称为氧化镍电极,负极活性物质为 H$_2$(放电时)和 H$_2$O(充电时),称为储氢合金(电极称为储氢电极),电解液为 30% 浓度的氢氧化钾。其充放电机理为:充电时由于水的电化学反应生成氢原子,立即扩散到合金中,形成氢化物(MH),实现负极储氢;镍电极活性物质 Ni(OH)$_2$ 释放出一个电子,变为充电态的 NiOOH。而放电时氢化物分解出的氢原子又在合金表面氧化为水,NiOOH 吸收一个电子还原为 Ni(OH)$_2$。

镍氢蓄电池在充放电过程中的电化学反应如下。

(1) 充电时。

正极:
$$Ni(OH)_2 + OH^- \longrightarrow NiOOH + H_2O + e^- \tag{5-6}$$

负极:
$$M + H_2O + e^- \longrightarrow MH + OH^- \tag{5-7}$$

总反应:
$$M + Ni(OH)_2 \longrightarrow MH + NiOOH \tag{5-8}$$

(2) 放电时。

正极:
$$NiOOH + H_2O + e^- \longrightarrow Ni(OH)_2 + OH^- \tag{5-9}$$

负极:
$$MH + OH^- \longrightarrow M + H_2O + e^- \tag{5-10}$$

总反应:
$$MH + NiOOH \longrightarrow Ni(OH)_2 + M \tag{5-11}$$

与铅酸蓄电池相比,镍氢蓄电池具有容量大、结构坚固、充放电循环次数多的优点。镍氢蓄电池是密封免维护电池,不含 Pb、Cr、Hg 等有毒物质,正常使用过程中也不会产生任何有害物质;镍氢蓄电池具有较好的低温放电特性,自放电率很小,在常温下镍氢蓄电池充足电后,放置 28d,电池容量能保持在标称容量的 75%～85%。但镍氢蓄电池有记忆效应、能量密度低、充电速率较慢的缺点。

(三) 锂离子蓄电池

锂离子蓄电池的结构

锂离子蓄电池是 20 世纪 90 年代发展起来的高容量可充电电池,锂离子电池因具有的工作电压高、能量密度大、比功率高、质量轻、体积小、循环寿命长、自放电率低、无记忆效应、绿色环保等优点,而广受关注并迅速发展起来,成为新一代动力蓄电池。

锂离子蓄电池采用了一种锂离子嵌入和脱嵌的金属氧化物或硫化物作为正极,无机盐体系作为电解质,碳材料作为负极。充电时,锂离子从正极脱出嵌入负极晶格,正极处于贫锂态;放电时,锂离子从负极脱出并嵌入正极,正极为富锂态。为保持电荷的平衡,充、放电过程中应有相同数量的电子经外电路传递,与锂离子同时在正负极间迁移,使负极发生氧化还原反应,保持一定的电位。锂离子电池的结构如图 5-3 所示,锂离子蓄电池的工作原理如

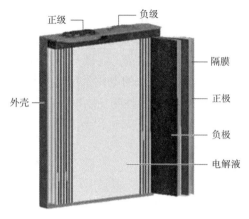

图5-3 锂离子蓄电池的结构

图5-4所示。充放电时通过锂离子的嵌入和脱嵌来实现化学能和电能的相互转换。

锂离子蓄电池在充放电过程中的电化学反应如下。

正极反应：

$$LiMO_x \underset{放电}{\overset{充电}{\rightleftharpoons}} Li_{1-y}MO_y + yLi^+ + ye^- \quad (5-12)$$

负极反应：

$$C_n + yLi^+ + ye^- \underset{放电}{\overset{充电}{\rightleftharpoons}} Li_yC_n \quad (5-13)$$

电池总反应：

$$LiMO_x + C_n \underset{放电}{\overset{充电}{\rightleftharpoons}} Li_{1-y}MO_y + Li_yC_n \quad (5-14)$$

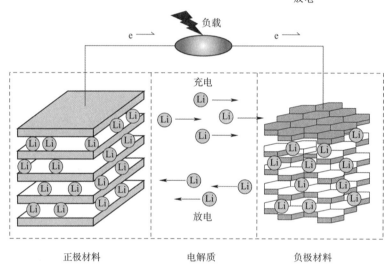

图5-4 锂离子蓄电池的工作原理

锂离子蓄电池的理论容量为120W·h/kg，循环性能好，单体循环2000次后容量保持率为80%以上，安全性高，可在1~3C下持续充放电，且放电平稳，瞬间放电倍率能达30C，但锂离子电池的低温性能差，0℃时放电容量将为70%，蓄电池的一致性仍然存在问题，成组后电池能量密度、循环寿命等特性大大下降。

锂离子蓄电池的正极材料一般采用 $LiCoO_2$、$LiNiO_2$、$LiMn_2O_4$、$LiFePO_4$ 等，负极材料一般为碳负极，电解液为溶解了锂盐的有机溶剂。不同锂离子蓄电池正极材料性能比较见表5-2。

锂离子蓄电池的工作原理

锂离子蓄电池正极材料性能 表5-2

正极材料	理论容量 (mA·h/g)	实际容量 (mA·h/g)	工作电压 (V)	安全性能	成本
$LiCoO_2$	274	140~155	3.7	一般	高

续上表

正极材料	理论容量 (mA·h/g)	实际容量 (mA·h/g)	工作电压 (V)	安全性能	成本
$LiMn_2O_4$	148	90~120	3~4	好	低
$LiNiO_2$	274	190~210	2.5~4.2	差	居中
$LiFePO_4$	170	110~165	3.4	很好	低
$LiMnO_2$	286	200	3~4.5	好	低

钴酸锂是较早商品化的蓄电池正极材料,能量较高,循环性良好,同时制作工艺比较简单,主要用于各类小型电子装置里。但是钴作为正极材料的蓄电池安全性不高,反复充放电会导致蓄电池内阻增大容量减小,而且钴资源属于稀缺资源,价格较高,这就限制了钴酸锂作为蓄电池正极材料的推广。镍酸锂是一种高容量的三元类材料,镍酸锂与钴酸锂结构相似,但循环性要好于钴酸锂,而且镍资源丰富,所以最有可能成为替代钴酸锂的正极材料之一。但是镍酸锂的制备工艺要求高,随着技术手段的进步,相信能慢慢克服这一缺点。锰酸锂的成本更低,耐过充性和安全性都超过钴酸锂和镍酸锂,但是一个比较大的缺点是其循环性差,同时当温度比较高的时候容量衰减得很快。磷酸铁锂与以上三种正极材料相比耐过充性、安全性、循环性都有大幅提升,尤其是温度较高时表现出良好的热稳定性,不会因为过充、温度过高、短路或者撞击而发生爆炸或燃烧。其缺点是电导率比较低,低温时放电性能不好,但优点较为突出。将钴酸锂、锰酸锂、镍酸锂三元复合材料作为锂离子电池正极材料,综合了钴酸锂、锰酸锂、镍酸锂三种材料的优点同时又弥补了各自的不足,降低了成本。三元材料示意图如图5-5所示。

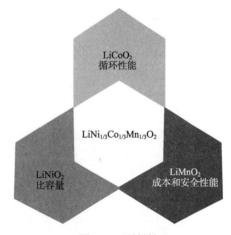

图5-5 三元材料

当前锂离子蓄电池负极材料主要使用碳材料以及一些金属化合物。碳材料分为石墨、硬碳和软碳。金属化合物有锡基复合氧化物、钛酸锂等。目前锂离子蓄电池应用最多的负极材料是石墨类材料,石墨材料导电性好,安全性高,循环寿命长,随着石墨技术的进步,其成本有待进一步降低。硬碳材料比容量高,循环性好,但其制作工艺尚不完善,电极电位过高等缺点制约了硬碳作为负极材料的推广应用。金属化合物类材料作为电池负极,如钛酸锂,是目前研究的一个热点。钛酸锂作为负极材料具有循环寿命长、容量大的优点,而且反复充放电后钛酸锂的体积基本不变。钛酸锂与电解液融合良好,可以提供安全、稳定的充放电平台,此外,它还有很好的耐过充性。钛酸锂的缺点是电极电位高,制作工艺尚不完善,需要进一步的研究试验才能向市场推广。

电解质的作用是在正负极之间传送锂离子。锂电池一般以六氟磷酸锂为电解质盐,它的优点是有良好的电导率,但是热稳定性和抗水解性比较差,所以通常添加一些功能添加剂，如碳酸乙烯酯、碳酸二甲酯等，用以提升锂离子电池的安全性。

隔膜的作用是有效隔离正负极，防止蓄电池短路，保证蓄电池的安全性和稳定性。隔膜具有离子导电性，能够使锂离子在电池内部进行自由传递，从而实现电池的充放电过程。在充电过程中，锂离子从正极释放出来，通过隔膜传递到负极，而在放电过程中则相反。隔膜的孔隙结构和表面特性能够调控电池内部的电解液流动和离子传输速率，从而控制电池的充放电速率和循环寿命。

比亚迪刀片蓄电池通过结构创新，采用了刀片电芯，刀片电芯如图 5-6 所示，在成组时可以跳过"模组"，大幅提高了体积利用率，最终达成在同样的空间内装入更多电芯的设计目标，质量和成本都有效下降。相较传统的有模组电池包，刀片电池的体积利用率提升了 50% 以上，续驶里程已经达到了高能量三元锂离子电池的同等水平。在大幅提升系统质量能量密度以及体积能量密度的同时，由于去掉了"模组"这一层中间结构，使得电池系统的复杂度大幅下降，由此也带来了更高的稳定性和更低的故障率，比亚迪刀片电池如图 5-7 所示。

动力蓄电池包高压电形成

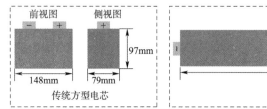
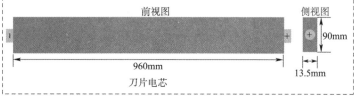

图 5-6 刀片电芯示意图

图 5-7 比亚迪刀片蓄电池

动力蓄电池将向着高比能量、比功率大、寿命长、高可靠性、低成本、安全环保方向发展。铅酸蓄电池、镍氢蓄电池、锂离子蓄电池的性能见表 5-3。铅酸蓄电池技术成熟、性能可靠、大电流放电性能好、安全性高、成本低，通过技术革新，其他性能还有提升空间。镍氢蓄电池的性能主要表现在能量密度、高倍率放电性能和成本，尽管目前受到了锂离子蓄电池的巨大挑战，但其成本低于锂离子蓄电池成本近一半，价格竞争上创造了条件。锂离子蓄电池有较好的性能，随着其材料的研究和发展，价格下降的空间很大，是目前混合动力汽车上最常用的动力蓄电池。

不同类型动力蓄电池的性能 表 5-3

蓄电池类型	铅酸蓄电池	镍氢蓄电池	锂离子蓄电池
工作电压(V)	2	1.2	3.7
质量比能量(W·h/kg)	30~50	60~80	100~120
体积比能量(W·h/L)	60~90	150~200	250~500
质量比功率(W/kg)	200~500	500~1000	1000~1200
循环寿命(次)	300~500	500~1000	500~2000
每月自放电率(%)	4~5	30~35	<5
工作温度(℃)	0~45	-10~45	-20~60
耐过充电特性	高	低	很低
有害物质	铅	—	—
成本	低	较高	很高

三、混合动力汽车电池管理系统

(一)混合动力汽车电池管理系统的定义

混合动力汽车动力蓄电池组由数百节单体电池通过串并联方式组合而成,总电压高达几百伏,充放电电流达几百安,成本昂贵,设法提高动力蓄电池的使用安全性和循环充放电寿命具有重要价值。此外,电池在充放电过程中的电压、电流和温度要保持在合理范围之内,并避免过充和过放,这对于保证电池的安全和寿命十分重要。一旦电池出现一定程度的过充或过放等不合理操作,将会对电池的使用寿命带来严重影响,极易引发安全隐患。混合动力汽车电池管理系统(BMS)作为混合动力汽车核心组成部分之一,不仅担负着保持电池安全平稳运行的职责,还需要避免电池的过充过放以延长电池使用寿命,其重要性日益彰显。根据电池管理系统拓扑结构的差异,可分为集中式和分布式电池管理系统。集中式结构通过微控制器控制检测模块进行数据采集并处理,具有成本低、体积小,连接方便的优点,分布式电池管理系统多采用星形拓扑结构,由一个电池管理主机模块和多个电池管理从机模块构成,电池管理从机模块负责电池信息采集、与主机模块通信并执行均衡等功能,与此同时,主机模块则负责数据处理和任务管理。分布式结构的电池管理系统具有接线灵活、扩展方便的突出优点,能够根据电池数量灵活配置。混合动力汽车电池管理系统结构示意图如图 5-8 所示。

(二)混合动力汽车电池管理系统的组成和作用

混合动力汽车电池管理系统主要包括温度管理子系统、电池组管理子系统和线路管理子系统,如图 5-9 所示。

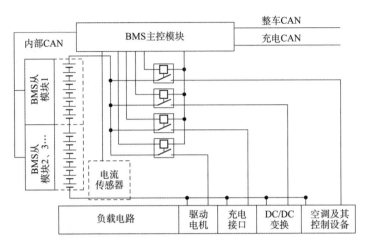

图5-8 混合动力汽车电池管理系统结构示意图

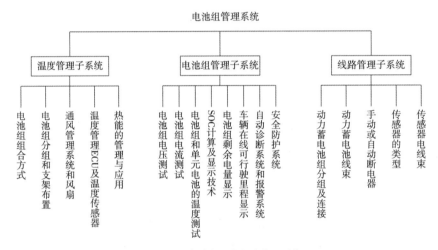

图5-9 混合动力汽车电池管理系统

1. 温度管理子系统

混合动力汽车不同动力蓄电池的发热程度各不相同。有的动力蓄电池采用自然通风即可满足电池组的散热要求,但有的动力蓄电池则必须采取强制通风来进行冷却,才能保证电池组正常工作并延长动力蓄电池的使用寿命。另外,在混合动力汽车上由于动力蓄电池组的各个分电池组布置在车架不同的位置上,各处的散热条件和周围环境都不同,这些差别也会对电池充、放电性能和电池的使用寿命造成影响。为了保证每个电池都能有良好的散热条件和环境,将混合动力汽车的动力蓄电池组装在一个强制冷却系统中,温度管理子系统控制冷却系统使各个电池的温度保持一致。

2. 电池组管理子系统

电池组管理子系统的作用是对电池的充电、放电,电池组中各个电池的不均衡性,电池的温度测试和电池的状态等进行监控和管理,使电池组能够提高工作效率,保证电池的正常运转,避免发生电池的过充电和过放电,有效延长电池的寿命,以及实现动力蓄电池组的安全管理。

3. 线路管理子系统

线路管理子系统管理电池与电池、电池组与电池组之间的连接线路。当动力蓄电池组的总电压较高时，连接导线的横截面积比较小，有利于电线束的连接和固定，但高电压要求有更可靠的安全防护。当动力蓄电池组的总电压较低时，则电流比较大，导线的横截面积则比较大，安装较不方便。在各个电池组之间还需要安装连接导线将各个电池组串联起来，一般在电池组与电池组之间装有断电器，以便在安装、拆卸和检修时切断电流。另外，在电池组管理系统中还有各种传感器线路等，因此在混合动力汽车上有尺寸很长的各种各样的电线束，要求导线之间有可靠的绝缘。混合动力汽车电池系统如图 5-10 所示。

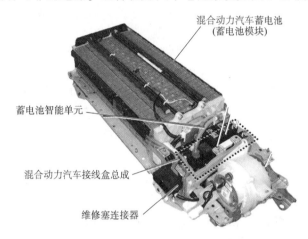

图 5-10　混合动力汽车电池系统

(三) 混合动力汽车电池组管理子系统的组成和作用

动力蓄电池组管理子系统主要承担动力蓄电池组的全面管理，一方面保证动力蓄电池组的正常运作，显示动力蓄电池组的状态并在出现故障时及时报警，使驾驶人随时都能掌握动力蓄电池组的情况；另一方面要对人身和车辆进行安全保护，避免因电池引起的各种事故。动力蓄电池组管理子系统主机模块是整个系统任务处理中心，采用高性能单片机进行控制，主机和从机模块之间通过 CAN 总线传递信息，具备电压、电流和温度采集功能。图 5-11 所示为混合动力汽车电池组管理子系统示意图。

动力蓄电池组管理子系统的主要包括以下功能。

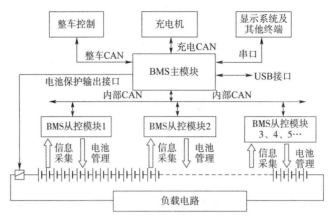

图 5-11 混合动力汽车电池组管理子系统

1. 动力蓄电池组管理

监控动力蓄电池组的双向总电压和电流、动力蓄电池组的温度,并通过液晶显示或其他显示装置,动态显示总电压、电流、温度的变化,避免动力蓄电池组过充电或过放电,对人身和车辆进行安全保护,在动力蓄电池组出现故障时切断动力蓄电池。利用温度传感器来测定和监控每一个电池在充电和放电过程中的温度是否在正常范围内。

2. 单节电池管理

对动力蓄电池组中的单节电池的管理,可以监测单节电池的状态,对单节电池动态电压和温度的变化进行实时测量,以便及时发现单节电池的问题,并采取有效的预防措施。

3. 荷电状态的检测和故障诊断

动力蓄电池组管理系统应具有对荷电状态检测和故障诊断的功能,能够有效地反映和显示荷电状态。目前对荷电状态的检测的误差一般在 10% 左右。配备故障诊断专家系统,可以早期预报动力蓄电池组的故障。

四、混合动力汽车电池系统故障诊断和维修

新能源汽车
高压作业工位

(一) 混合动力汽车电池系统维修注意事项

混合动力汽车与传统内燃机汽车不同,使用电机和发动机来提供驱动力。同样的,混合动力汽车的维修程序和传统的内燃机车辆也不同。

注意:混合动力汽车内有超过 300V 的电器零件和电路,如果采用不适当方法或在工作中疏忽对待,会造成严重电击或身体伤害。动力蓄电池电解液为高碱性的氢氧化钾。当处理被损坏车辆时,潜在的被电击或暴露在高碱性化学物质中的危险可能不易察觉。所以,需要准备好防护装备。

1. 防护装备

防护装备注意包括安全手套、护目镜、安全鞋、绝缘胶布和绝缘工具。

安全手套必须有两种独立的性能:①在进行任何有关高压组件或线路的操作时,需要使用橡胶制成的绝缘手套,这些手套通常被认为是电工手套,能够承受 650V 的工作电压。

②同样需要抗碱性的合成橡胶手套,当工作中接触高碱性的氢氧化物时,避免氢氧化物对人的组织造成伤害。安全手套如图5-12所示。

图5-12 安全手套

戴上合适的护目镜和安全鞋,以防止电池电解液的飞溅。护目镜应将面部皮肤裸露部分覆盖,安全鞋也必须具有耐碱性鞋底。护目镜如图5-13所示。

当高压电线或端子拔出裸露时,必须使用绝缘胶布将裸露部分包住。同样地,在拆下维修塞后,使用绝缘胶布覆盖维修塞槽,隔开端口。绝缘胶布如图5-14所示。

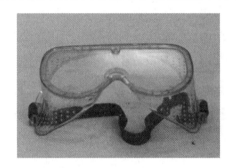

图5-13 护目镜　　　　　　图5-14 绝缘胶布

混合动力汽车维修过程中需要使用绝缘工具,在防触电保护方面不仅依靠基本绝缘,而且还应附加一个安全预防措施,即对正常情况下不带电,而在其基本绝缘损坏时变为带电体的外露可导电部分作保护接零。为了可靠保护,接零应不少于两处,并且还要附加漏电保护,绝缘工具如图5-15所示。

2. 高压线束和连接器

注意:所有高压电路的线束和连接器都是橙色的,动力蓄电池组等高压零部件都贴有高压警示标志,在未完成整车高压断电前,不要触碰所有高压电路的线束和连接器。

高压线束如图5-16所示。

(二)混合动力汽车电池系统故障检修步骤

1. 混合动力汽车电池系统控制功能

在混合动力汽车的行驶过程中,加速时动力蓄电池反复放电,而制动时候被充电。电池管理系统 ECU 会根据电压、电流和温度测算动力蓄电池的荷电状态(SOC),然后将 SOC 的结果送给控制 ECU,控制 ECU 根据 SOC 执行充放电控制。如果发生故障,电池管理系统

ECU 执行安全保护功能,依据不同故障程度切断动力蓄电池的输出。混合动力汽车电池控制系统如图 5-17 所示。

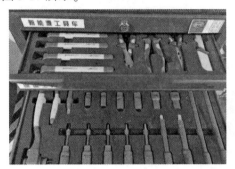

图 5-15　绝缘工具　　　　　　　图 5-16　高压线束

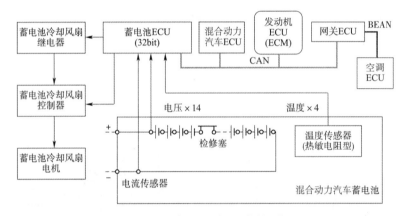

图 5-17　混合动力汽车电池控制系统

2. 混合动力汽车电池系统上电流程

混合动力汽车电池系统如图 5-18 所示,SMR 为混合动力汽车电池系统内部的主继电器,电池系统共有三个继电器(负极 1 个、正极 2 个),在混合动力汽车起动时,电池管理系统 ECU 首先控制 SMR1 和 SMR3 闭合,和 SMR1 相连接的电阻保护回路避免起动时候产生过大初始电流,然后控制 SMR2 闭合,最后断开 SMR1。

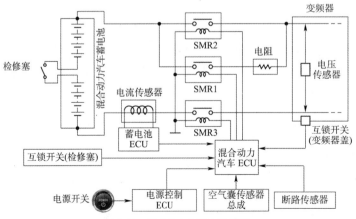

图 5-18　混合动力汽车电池系统

3. 混合动力汽车电池系统故障分析

混合动力汽车电池系统故障现象主要是动力蓄电池的输出被切断,故障应从高压线束故障和控制电路故障两个方面进行分析。以比亚迪唐混合动力汽车为例,全车高压线束和高压连接器采用橙色进行标记,全车高压线束如图 5-19 所示。

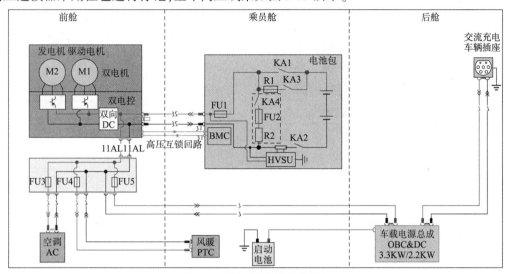

图 5-19　混合动力汽车高压线束

智能诊断仪主要的故障代码见表 5-4,基本诊断步骤如下。

混合动力汽车电池系统故障代码　　　　表 5-4

PTC	故障类型	PTC	故障类型
P2B990D	AFE 13 温度采样异常故障	P2B9C00	电池压差过大
P2B990E	AFE 14 温度采样异常故障	P1A3D00	负极接触器回检故障
P2B9A00	均衡回路故障	P1A3E00	主接触器回检故障
P1A3400	预充失败故障	P1A3F00	预充接触器回检故障
P1A3419	预充过流故障	P2B9A01	加热接触器回检故障
P1A3412	预充短路故障	P2B9A02	加热接触器烧结故障
P1A3522	动力蓄电池单节电压严重过高	P1A4100	主接触器烧结故障
P1A3622	动力蓄电池单节电压一般过高	P1A4200	负极接触器烧结故障
P1A3721	动力蓄电池单节电压严重过低	P1AF600	热失控故障
P1A3821	动力蓄电池单节电压一般过低	P1A5100	碰撞硬线信号 PWM 异常告警
P1A3922	动力蓄电池单节温度严重过高	P1A5200	碰撞系统故障
P1A3A22	动力蓄电池单节温度一般过高	U011000	与电机控制器通信故障
P1A3B21	动力蓄电池单节温度严重过低	U110387	与气囊 ECU 通信故障
P1A3C00	动力蓄电池单节温度一般过低	P1A6000	高压互锁 1 故障
P1A3501	动力蓄电池单节电压极限过高	U012000	子网通信故障
P1A3B01	动力蓄电池单节电压极限过低	U01F401	AFE 1 通信超时故障
P2B9B00	电池温差过大	U01F402	AFE 2 通信超时故障

续上表

PTC	故障类型	PTC	故障类型
U01F403	AFE 3 通信超时故障	U01F40A	AFE 10 通信超时故障
U01F404	AFE 4 通信超时故障	U01F40B	AFE 11 通信超时故障
U01F405	AFE 5 通信超时故障	U01F40C	AFE 12 通信超时故障
U01F406	AFE 6 通信超时故障	U01F40D	AFE 13 通信超时故障
U01F407	AFE 7 通信超时故障	U01F40E	AFE 14 通信超时故障
U01F408	AFE 8 通信超时故障	U029787	与车载充电器通信故障
U01F409	AFE 9 通信超时故障		

(1) 车辆送入修理车间。
(2) 检查辅助蓄电池电压。
(3) 检查 DTC 和定格数据。
(4) 故障症状确认。
(5) 症状模拟,检查 CAN 通信系统。
(6) 检查 CAN 通信系统。
(7) 检查 DTC。
(8) 查看故障症状表。
(9) 总体分析和故障排除。
(10) 进行维修或更换。
(11) 确认测试,维修结束。

技能实训

一、混合动力汽车高压断电操作

(一) 准备工作

(1) 场地设施:举升机一台,绝缘垫,装有废气抽排系统和消防设施的场地。
(2) 设备设施:比亚迪唐混合动力汽车一辆。
(3) 工具:高压防护装备一套、绝缘工具一套、车轮挡块、车辆防护套件一套。

(二) 实训过程

混合动力汽车与传统内燃机汽车不同,使用电机和发动机来提供驱动力。混合动力汽车的维修程序和传统内燃机车辆也不同。为了使受到身体伤害或电击的风险最小,在对混合动力汽车进行维护和检修的时候需要将高压系统断开。比亚迪唐混合动力汽车采用的是锂离子电池,电压为537V。混合动力汽车内有超过300V的电器零件和电路,如果采用不适当方法或在工作中疏忽对待,会造成严重电击或对身体有潜在伤害危险。

以比亚迪唐混合动力汽车为例介绍高压断电过程。

1. 检查绝缘手套

在戴绝缘手套前面,要确认手套是干燥的、无潮湿、无损坏和大小适宜(图5-20)。

2. 放置警告标志

在对高压系统进行作业时,需要告诉其他人员。可以通过放置标志,设置隔离区域的方法,例如放置警告标志在车顶上(图5-21)。

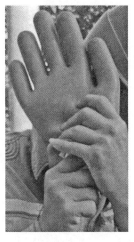
图5-20　检查绝缘手套

图5-21　放置警告标志

3. 换到P挡位

首先,踩下制动踏板,按下P挡按键(图5-22),如果没办法切换到P挡,使用驻车挡块防止车辆移动。

4. 拔下车钥匙

将车钥匙从钥匙槽内拔下,将车钥匙放入口袋。

5. 断开12V低压蓄电池的负极线

断开12V电池的负极线,固定负极线,以防止负极线移动回电池负极(图5-23)。

图5-22　换到P挡位

图5-23　断开12V低压蓄电池的负极线

6. 等待5min

必须要等待5min，使得高压器件如变频器中的电容器进行放电，才可进行作业，等待5min后高压断电过程完成。

二、智能诊断仪在混合动力汽车电池系统上的应用

(一)准备工作

(1)场地设施:举升机一台,绝缘垫,装有废气抽排系统和消防设施的场地。
(2)设备设施:比亚迪唐混合动力汽车一辆。
(3)工具:高压防护装备一套、绝缘工具一套、车轮挡块、车辆防护套件一套、智能诊断仪。

(二)实训过程

(1)安装车内及车外车辆防护套件(图5-24)。
(2)打开驾驶侧车门,确认驻车制动启动。
(3)安装诊断接头。
(4)按下起动开关,使车辆处于起动状态,OK灯点亮(图5-25)。

智能诊断仪在混合动力汽车电池系统上的应用

图5-24 安装车内及车外车辆防护套件

图5-25 按下起动开关

(5)打开智能诊断仪,进入动力蓄电池管理系统。
(6)读取并记录DTC。
(7)读取并记录电池数据流。
(8)关闭启动开关,拔出车钥匙。
(9)收起车内及车外车辆防护套件。

三、混合动力汽车电池系统高压线束拆卸

(一)准备工作

(1)场地设施:举升机一台,绝缘垫,装有废气抽排系统和消防设施的场地。

(2)设备设施:比亚迪唐混合动力汽车一辆。

(3)工具:高压防护装备一套、绝缘工具一套、车轮挡块、车辆防护套件一套、智能诊断仪、绝缘电阻测试万用表。

(二)实训过程

(1)安装车内及车外车辆防护套件。

(2)打开驾驶侧车门,确认驻车制动。

(3)完成高压断电。参考实训项目一混合动力汽车高压断电操作。

(4)将动力蓄电池高压线束连接器自带的螺栓拧开,拔出高压线束。

(5)把扎带与固定点分离,两个支架与车身螺柱定位点,拧开六角凸缘面螺母。

(6)拧开高压线束转接盒与车身螺柱固定的六角凸缘面螺母。

(7)取下整条高压线束。

(8)检查高压线束上是否有电弧痕迹。如果有电弧痕迹,更换故障零件。

四、混合动力汽车电池系统拆卸与安装

(一)准备工作

(1)场地设施:举升机一台,绝缘垫,装有废气抽排系统和消防设施的场地。

(2)设备设施:比亚迪唐混合动力汽车一辆。

(3)工具:高压防护装备一套、绝缘工具一套、车轮挡块、车辆防护套件一套、智能诊断仪、万用表。

(二)实训过程

(1)安装车内及车外车辆防护套件。

(2)打开驾驶侧车门,确认驻车制动启动。

(3)完成高压断电。参考实训项目一混合动力汽车高压断电操作。

(4)打开前舱盖,拔掉前舱电控总成端的直流高压母线接插件,接插件应用绝缘胶带进行绝缘密封,防止短路及进入异物。

(5)使用万用表确认拔开的高压母线间电压在安全电压范围(小于60V DC)。

(6)用举升机将整车升起到合适的高度。

(7)使用专用举升设备托着动力电池。

(8)使用松紧钳解开进出水管,拔出管口时注意用盆接住流出的冷却液,拆卸时需注意防护液体溅射。

(9)拆下动力蓄电池低压线束接插件。

(10)佩戴绝缘手套,拆下动力蓄电池高压线束接插件。

(11)佩戴绝缘手套,使用18mm套筒卸掉动力蓄电池周边紧固件,卸下动力蓄电池。

(12)佩戴绝缘手套,检查动力蓄电池接插件和线束有无烧蚀。

(13)佩戴绝缘手套,将动力蓄电池放到专用举升设备上。

(14)佩戴绝缘手套,举升过程中,使动力蓄电池安装孔位对准。

(15)佩戴绝缘手套,安装动力蓄电池紧固件,拧紧力矩135N·m。

(16)佩戴绝缘手套,连接动力蓄电池高压线束接插件。

(17)连接动力电池低压线束接插件。

(18)连接12V低压蓄电池的负极线。

(19)重新标定动力蓄电池SOC,起动车辆确认是否有故障。

(20)打开前舱,加注冷却液。

模块小结

(1)混合动力汽车储能装置可以分为二次电池、超级电容和飞轮电池三类。目前混合动力汽车上常用的储能装置为二次电池,也称为动力蓄电池。

(2)目前混合动力汽车上最常见的动力蓄电池有铅酸蓄电池、镍氢电池和锂离子电池三类。

(3)与镍氢电池、锂离子电池相比,铅酸电池存在许多不足,最为突出的是比能量低、循环寿命短。另外由于在制造和使用过程中产生污染,铅酸电池在混合动力汽车中已经较少使用。

(4)与铅酸电池相比,镍氢电池具有容量大、结构坚固、充放电循环次数多的特点,但价格高一些;镍氢电池是密封免维护电池,不含Pb、Cr、Hg等有毒物质,正常使用过程中也不会产生任何有害物质;镍氢电池具有较好的低温放电特性,自放电率很小,在常温下,镍氢电池充足电后,放置28天,电池容量能保持在标称容量的75%~85%,可深度放电,价格便宜且普及。但镍氢电池有记忆效应、能量密度低、充电速率较慢等缺点。

(5)锂离子电池因具有工作电压高、能量密度大、比功率高、质量轻、体积小、循环寿命长、自放电率低、无记忆效应、绿色环保等优点,而广受关注并迅速发展起来,成为新一代动力蓄电池。

(6)混合动力汽车动力蓄电池组由数百节单体电池通过串并联方式组合而成,总电压高达几百伏,充放电电流达几百安,成本昂贵,设法提高动力蓄电池的使用安全性和循环充放电寿命具有重要价值。此外,电池在充放电过程中的电压、电流和温度要保持在合理范围之内,并避免过充和过放,这对于保证电池的安全和寿命十分重要。一旦电池出现一定程度的过充或过放等不合理操作,将会对电池的使用寿命带来严重影响,极易引发安全隐患。混合动力汽车电池管理系统(BMS)作为混合动力汽车核心组成部分之一,不仅担负着保持电池安全平稳运行的职责,还需要避免电池的过充过放以延长电池使用寿命,其重要性日益彰显。

(7)混合动力汽车内有超过300V的电器零件和电路,如果采用不适当方法或在工作中疏忽对待,会造成严重电击或对身体存在潜在伤害危险。

思考与练习

(一)填空题

1. 混合动力汽车储能装置可以分为_____、_____和_____三类。
2. 目前混合动力汽车上最常见的动力蓄电池有_____、_____和_____三类。
3. _____、_____和_____三元复合材料作为锂离子电池正极材料,称为三元锂离子电池。
4. 根据电池管理系统拓扑结构的差异,可分为_____和_____电池管理系统。
5. 混合动力汽车电池管理系统主要包括_____、_____和_____组成。

(二)判断题

1. 镍氢电池有记忆效应。( )
2. 锂离子电池有记忆效应。( )
3. 电池所有的容量在2h放电完毕,称为2C放电速率。( )
4. 磷酸铁锂离子电池低温时放电性能不好。( )
5. 混合动力汽车维修过程中需要使用绝缘工具。( )

(三)简答题

1. 镍氢电池和锂离子电池的工作原理是什么?
2. 磷酸铁锂离子电池和三元锂离子电池的区别是什么?
3. 比亚迪刀片电池的优点是什么?
4. 混合动力汽车为什么需要电池管理系统?
5. 混合动力汽车电池维修时需要哪些防护装备?
6. 查阅从2014年至今我国锂离子电池的生产量和出口量,通过查阅这些数据你有什么体会?

模块六
混合动力汽车车载网络系统

学习目标

知识目标
1. 了解车载网络系统被广泛使用的原因；
2. 熟悉混合动力汽车车载网络系统的类型；
3. 掌握 CAN 总线信号波形；
4. 掌握 LIN 总线信号波形；
5. 熟悉 CAN 网络结构及常见故障波形。

技能目标
1. 能根据混合动力汽车网络拓扑结构图分析通信网络结构；
2. 熟练应用电路图查询各控制模块的 CAN 线端口；
3. 能够根据电路图排除混合动力汽车车载网络系统断路故障。

素质目标
1. 通过了解车载网络的各模块协同工作原理，增强团队合作意识；
2. 通过对维修手册的查询和分析，提升信息素养和创新意识；
3. 通过对混合动力汽车网络故障检修，培养一丝不苟的工作精神。

▶ 建议课时：8 课时。

一、混合动力汽车车载网络系统概述

(一) 车载网络系统

随着车用电气设备越来越多，从发动机控制到传动系统控制，从行驶、制动、转向系统控制到安全保障系统及仪表报警系统控制，使汽车电气系统形成一个复杂的系统，并且都集中在驾驶室控制，汽车新技术的发展应用与汽车线束急剧增加的矛盾越来越突出。为解决以上问题，车载网络(也称总线系统)应运而生，且使得汽车电控系统发生了巨大的变化。

1. 汽车总线传输方式

汽车传统上采用的是并行数据传输方式，有几个信号就要有几条信号传输线。现代汽车采用传输总线后,只需要1根或2根传输线即可,如图6-1所示。所以总线传输也称为多路传输,即一个信息通道同时传输多路信号。

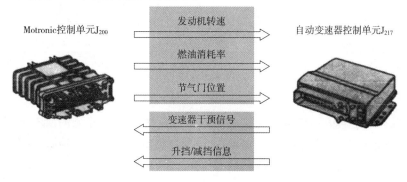

图6-1 传输总线的信息传输方式

数据传输总线是指在一条数据线上传递的信号可被多个系统共享,从而最大限度地提高系统的整体效率,充分利用有限的资源。例如,电脑键盘有104个按键,可以发出一百多个不同的指令,但键盘与主机之间的数据连接线却只有7根,键盘正是依靠这7根数据线上不同的数字电压信号组合(编码信号)来传递按键信息的。同样,将这种方式应用在汽车电气系统上,就大大简化了汽车电路。在一条总线上,使用不同的编码信号来表示不同的开关动作,信号解码后,根据指令接通或断开对应的用电设备。这样,就能将过去一线一用的专线制改为一线多用制,从而大大减少汽车上电线的数目,缩小线束的直径,同时加速汽车智能化的发展。

2. 车载网络的类型

目前常见的车载网络类型见表6-1。现代汽车中,车身和舒适性控制模块作为一种典型应用,都连接到CAN总线上,并借助于LIN总线进行外围设备控制。而汽车高速控制系统,通常会与高速CAN总线连接在一起。远程信息处理和多媒体连接需要高速互联,视频传输又需要同步数据流格式,这些都可由DDB或MOST协议来实现。无线通信则通过Bluetooth技术加以实现。

主要车载网络基本情况 表6-1

车载网络的名称	概要	通信速度(b/s)
CAN(Controller Area Network)	车身/动力传动系统控制用LAN协议,可能成为世界标准	1M
LIN(Local Interconnect Network)	车身系统控制用LAN协议,低端子系统专用	20k
Byteflight	按用途分类的控制用LAN协议,通过时分多路复用,由BMW联合Motorola等公司开发,应用在安全气囊系统,采用塑料光纤	10M
FlexRay	按用途分类的控制用LAN协议,能够兼容多种网络拓扑,容错能力更强	5M

续上表

车载网络的名称	概要	通信速度(b/s)
DDB(Domestic Digital Bus)/Optical	音频系统通信协议,将D2B作为音频系统总线,采用光通信,飞利浦主导开发	5.6M
MOST(Media Oriented System Transport)	信息系统通信协议,以欧洲为中心	22.5M

至今仍没有一个通信网络可以完全满足未来汽车对成本和性能的所有要求。因此,汽车制造商和OEM(Original Equipment Manufacture)商仍将继续采用多种协议(包括LIN、CAN和MOST等),以实现未来汽车上的联网信息传递。

3. CAN总线

CAN总线技术,全称为控制器局域网总线技术(Controller Area Network,CAN)。CAN总线采用了双绞线结构,如图6-2所示,这样既可以防止电磁干扰对传输信息的影响,也可以防止线束本身对外界的干扰,具有良好的电磁兼容性,如图6-3所示。系统中采用高、低电平两根数据线,从而控制器输出的信号可同时向两根通信线发送,高低电平互为镜像。

图6-2 CAN双绞线

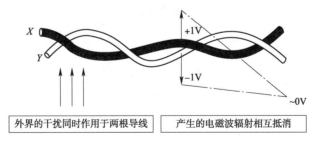

图6-3 CAN总线具有良好的电磁兼容性

目前汽车上的CAN总线连接方式主要有两种:一种是用于驱动系统的高速CAN总线,速率可达到500kb/s;另一种是用于车身系统的低速CAN总线,速率为100kb/s。对于中高级小汽车及一些娱乐系统或智能通信系统的总线,它们的传输速率更高,可超过1Mb/s。

高速CAN总线主要连接发动机控制单元、ABS控制单元、安全气囊控制单元、组合仪表等与汽车行驶直接相关的系统。这些系统由于信息传递量较大而且对于信息传递的速度有很高的要求,需要高速CAN总线来满足其信息传递的需要。在隐性状态,CAN-H和CAN-L这两条导线上作用有相同的预先设定值,这个值大约为2.5V。在显性状态时,CAN-H升高到3.6V,CAN-L降低到1.4V,如图6-4所示。

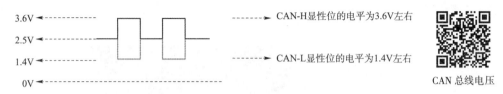

图6-4　高速CAN总线上的信号电压变化

车身系统的低速CAN总线主要连接中控锁、电动门窗、后视镜、车内照明灯等对数据传输速率要求不高的车身舒适系统。在隐性状态时,CAN-H信号为0V;在显性状态时,CAN-H信号4V。对于CAN-L信号来说,隐性电平为5V,显性电平小于等于1V,如图6-5所示。

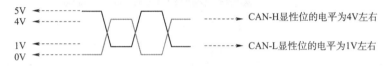

图6-5　低速CAN总线上的信号电压变化

CAN数据总线传输过程

4. LIN总线

LIN是Local Interconnect Network的缩写。Local Interconnect(局域互联)表示所有的控制单元都装在一个有限的空间内(如车顶),所以它也被称为"局域子系统"。LIN总线的特点有:低成本、串行通信、主从结构、单线12V等,主要用于智能传感器和执行器的串行通信。

LIN的目标是为现有汽车网络(例如CAN总线)提供辅助功能,因此LIN总线是一种辅助的总线网络。在不需要CAN总线的带宽和多功能的场合,例如智能传感器和制动装置之间的通信,使用LIN总线可大大节省成本。

典型的LIN总线应用是汽车中的联合装配单元,如门、转向盘、座椅、空调照明灯、湿度传感器、交流发电机等。对于这些成本比较敏感的单元,LIN广泛地使用了一些机械元件,如智能传感器制动器或光敏器件。这些元件可以很容易地连接到汽车网络中,且它们的维护很方便。

LIN总线的电平信号规定如下:

(1)隐性电平。如果无信息发送到LIN数据总线上,或者发送到LIN数据总线上的是一个隐性信号,那么数据总线导线上的电压就是蓄电池电压。

(2)显性电平。为了将显性信号传到LIN数据总线上,发送控制单元内的收发报机将数据总线导线搭铁,如图6-6所示。

5. MOST总线

光纤数据总线系统被称为MOST总线(Media Oriented System Transport,MOST)。MOST是一种用于多媒体数据传送的网络系统,提供信息及娱乐多媒体服务,传输速率可达到

21.2Mb/s。近几年该技术迅速普及,实现实时传输声音、视频,以满足高端汽车娱乐装置的需求,也可以用在车载摄像头等行车系统,MOST 总线采用光纤网络,不会受到电磁辐射干扰与搭铁环的影响。

MOST 总线采用环形网络结构,如图 6-7 所示,各控制单元之间通过一个环形数据总线连接,该总线只向一个方向传输数据,这意味着一个控制单元总是拥有 2 根光纤,一根用于发射机,另一根用于接收机。

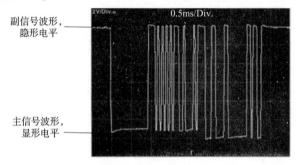

图 6-6　LIN 总线上的信号电平

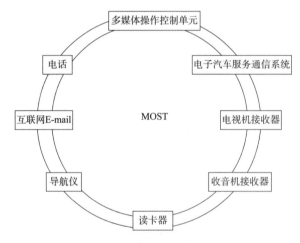

图 6-7　MOST 总线的环形网络结构

(二)混合动力汽车车载网络

1. 混合动力汽车车载网络结构

一般来讲,传统车辆所有主总线系统和子总线系统均应用于混合动力汽车。截至目前,混合动力汽车是最为复杂的车型,它具有两套动力系统,增加了许多控制器和新装置,如动力电机、动力蓄电池、逆变器等,这就使得混合动力汽车的网络系统更加复杂,要求混合动力汽车总线系统功能更强。

2023 款比亚迪秦 PLUS 混合动力汽车总线如图 6-8 所示。该总线系统由 CAN 网络和 LIN 网络组成,CAN 网络包括底盘网、电控子网、ECM 子网、能量网、车身网、智能进入网六组网络,LIN 网络有 LIN1 和 LIN2 两组网络。不同总线之间通过中央网关(Gateway)进行信息交换,网关集成在右车身控制器中。

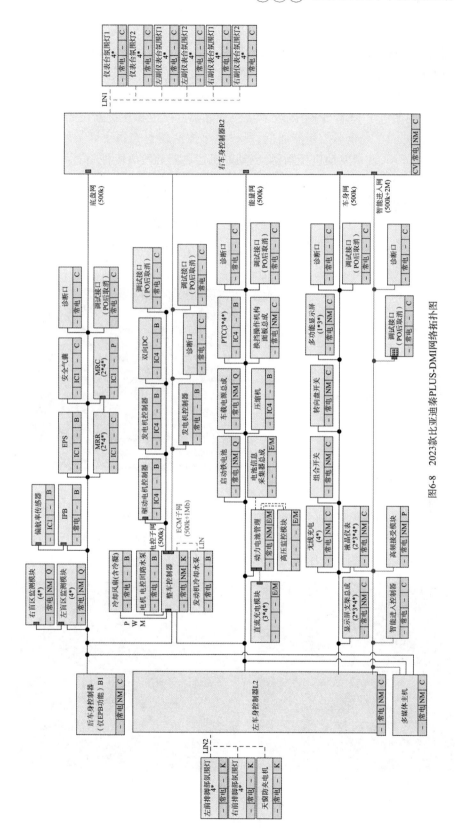

图6-8 2023款比亚迪秦PLUS-DMI网络拓扑图

所谓 CAN 主总线是指两个终端电阻之间的线束，这是 CAN 通信系统的主干线路。所谓 CAN 支线是指从主总线分支到 ECU 或者传感器的线束。两个终端电阻均为 120Ω，并联在主总线两端，这些电阻可精确判定 CAN 总线之间的电压差变化，为 CAN 正常通信提供保障。

发动机控制器位于 ECM 子网中，驱动电机控制器和发电机控制器位于电控子网中。这两组 CAN 网络同时可与整车控制器通信，所以整车控制器也充当了网关的角色，连通了电控子网和 ECM 子网，使得发动机控制器、驱动电机控制器和发电机控制器可以互通信息。

2. CAN 网络结构及常见故障波形

从图 6-8 可以看出，在比亚迪秦 PLUS-DMI 中 CAN 网络的复杂程度远高于其他网络。在每组 CAN 网络中都会有 2 个 120Ω 的终端电阻，这 2 个电阻可以位于模块内部，也可单独悬挂于网络最远端。在网络中的每个模块均处于同等地位，按时间顺序依次发送和接收相应的信息（图 6-9）。

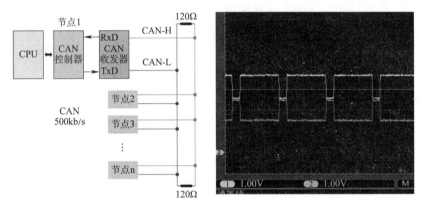

图 6-9　CAN 网络结构及正常波形图

CAN 网络常见的故障有线路断路和短路两类故障，断路故障表现为断开的节点无法与其余节点通信，短路故障表现为整个网络瘫痪。CAN 网络出现故障可通过读取波形来进行故障判断，图 6-10 分别是 CAN-H 断路波形和 CAN-H 对正极短路波形。

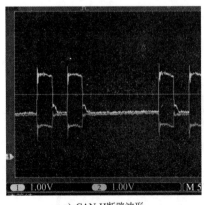

a) CAN-H 断路波形

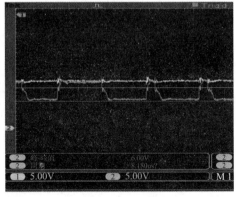

b) CAN-H 对正极短路波形

图 6-10　CAN 网络故障波形

二、混合动力汽车车载网络总线系统的检修

与普通总线系统相比,混合动力汽车有低压电、高压电,总线传递的数据大量增加,干扰源更多,总线的故障检修难度也有所增加。

(一) 混合动力汽车车载网络总线系统的检修步骤

(1) 检查汽车电源系统是否存在故障。例如,检查蓄电池电压、各接头连接情况、相关熔断丝、发动机与车身的搭铁情况等,检查交流发电机的输出波形是否正常(若不正常将导致信号干扰故障)等。

CAN 数据总线系统诊断

(2) 检查车载网络的链路是否存在故障。可采用替换法或跨接线法进行检测。

(3) 检查车载网络的控制单元是否存在故障。通常采用替换法进行检测。

(4) 还可以使用智能诊断仪对总线故障进行检测:

① 根据客户描述,进行故障分析。

② 连接智能诊断仪,根据故障码及无法进行通信的模块来确定故障属于哪个网络,此网络中哪个模块或哪些模块存在通信故障。

③ 使用万用表测量线路电压及电阻,确认故障存在的具体位置。

1. OBD 诊断口辅助检测

2023 款比亚迪秦 PLUS-DM-i 的 OBD 诊断口直接与 5 个 CAN 网络连接,从而给网络诊断带来了便利。图 6-11 所示为 OBD 诊断口的引脚编号,大端朝上,小端朝下,从左到右,从上到下的编号依次是 1~16。

图 6-11 OBD 诊断接口

2023 款比亚迪秦 PLUS-DM-i 的 OBD 诊断口中,1、2 端口分别连接智能进入网络的 CAN-H 和 CAN-L,3、11 端口分别连接车身网络的 CAN-H 和 CAN-L,6、14 端口分别连接底盘网络的 CAN-H 和 CAN-L,9、10 端口分别连接 ECM 子网网络的 CAN-H 和 CAN-L,12、13 端口分别连接能量网络的 CAN-H 和 CAN-L。4、5 端口是搭铁线,16 端口是电源线。故障诊断仪连接至 OBD 接口后,可以使用接口的电源和搭铁而进行工作。车载网络直接将诊断仪视为网络中的普通 ECU 进行通信,从而使诊断仪能获知汽车各 ECU 的具体情况。这也是我们能够进行故障码读取和功能控制的原因。

从图 6-8 中可以看出，底盘网中连接了右车身控制器、后车身控制器、IPB、EPS、安全气囊控制器和整车控制器。其中右车身控制器和整车控制器是终端模块，也即 120Ω 的终端电阻是置于模块内的。

如果此网络出现故障，可以通过对 OBD 接口的 6、14 端口进行测量来辅助检测。CAN 网络两个 120Ω 终端电阻是并联形式，所以，网络正常时在 6、14 端口处测得的阻值应该是 60Ω。如果电阻是 120Ω 或者无穷大时，可以判定网络存在断路故障。如果阻值过小，则可能存在短路故障。然后通过插拔网络中的各控制模块，继续测量 6、14 端口处电阻，看电阻变化情况来分析具体故障原因。

注意：在 OBD 端口处测量电阻时，一定要将电源断开，在系统处于断电状态下进行测量。

2. 通过电路图分析并检修电路

(1) 读取故障码。通过故障码确认故障模块，从而锁定故障区域。

(2) 分析电路图。通过电路图分析，确认是单模块故障、区域故障还是整个网络故障。找出无法正常通信模块的供电、搭铁和网络线的具体端子号。

CAN 数据总线系统故障分析

(3) 通过测量确定故障点。测量模块供电端子的对地电压，如果不正常则查找上游的熔断器、继电器和线路以确认故障点。测量搭铁端子的对正极电压，如果不正常则查找下游线路和搭铁点以确认故障点。测量 CAN-H 和 CAN-L 之间的电阻、CAN 线和电源线之间的电阻、CAN 线和搭铁线之间的电阻以确认故障点。

(二) 混合动力汽车车载网络总线系统的注意事项

(1) 正确的诊断顺序对于排除故障十分重要，要确保诊断的顺序科学合理。

(2) 在维修某些控制单元时，如安全气囊 SRS 单元，要严格按照正确的操作顺序，防止安全气囊意外展开。

(3) 在对总线进行焊接维修后，要用电工胶带缠绕维修部位，且 CAN-H 与 CAN-L 两根线必须始终绞合起来，确保将其扭绞在一起，否则易受到电磁干扰。连接器周围的绞合线束要留出约 80mm 的松弛部分，不要改变线束的长度。

(4) 维修 CAN 总线时，不得在连接器之间使用旁通线来代替故障线束，如图 6-12 所示。

(5) 使用检测仪检查电阻时，从连接器背面(线束侧)插入检测仪探针，如图 6-13 所示。

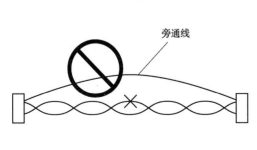

图 6-12 两个连接器之间不得使用旁通线

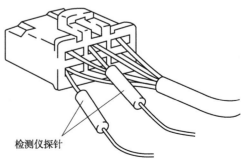

图 6-13 检查电阻

(6)如果不能从连接器后侧检查导通性,则可使用外接线检查连接器,如图6-14所示。

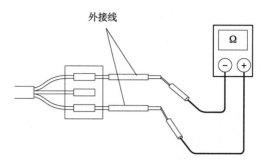

图6-14 使用外接线检查连接器

(7)如果检查或更换从车辆上拆下的CAN接线连接器,要确保用胶带和卡夹将CAN连接器及所有线束安装到其原位置。

(8)使用其他车辆上使用过的网关ECU作为替换零件时,需要初始化此ECU中存储的连接信息,否则将出现故障代码。在初始化网关ECU的连接信息时,首先将智能诊断仪连接到数据链连接器,然后将电源开关置于ON位置,再打开智能诊断仪,进行初始化操作。

(9)测量CAN总线电阻之前,将电源开关置于OFF位置,并在完全不操作车辆的情况下将车辆静置1min以上。随后,断开辅助蓄电池的负极端子,将车辆再静置1min以上,方可测量电阻。

(三)混合动力汽车车载网络总线系统的检修项目

在车载网络总线系统的检修中,主要涉及以下检修项目:
(1)汽车电源系统的检修,包括发电机和蓄电池等。
(2)中央网关ECU的检修。
(3)车载网络所连接的各个控制单元的检修。
(4)车载网络所连接的各个传感器的检修。
(5)车载网络传输链路的检修,包括总线电阻的检测、总线的断路、总线对蓄电池正极短路、总线对车身搭铁的短路等。

下面以2023款比亚迪秦PLUS-DM-i汽车为例,介绍网络故障检修步骤。

1. 确认网关控制器位置及端子定义

网关控制器集成在右域(右车身控制器)内。右域布置在管梁空调箱体右侧,在副驾驶座储物盒后方,管梁起两个支架:上面条形支架和下面V形支架,管梁上方的条形支架背焊M5螺母与右域壳体线束卡扣点用M5螺栓紧固,管梁V形支架带3个M6背焊螺母与右域转接支架提供的3个M6螺栓配合紧固,管梁V形支架上开孔配合右域转接支架上的挂钩,用于安装右域时固定模块,线束从右域上方出线。可从维修手册中查询网关控制器的具体位置,如图6-15所示。

网关控制器主要有G64(H)、G64(E)和G03(A)连接器,进行网络故障检修时,通常需要测量断开时端子的电压、电阻值和连接时端子电压值。网关控制器端子定义和正常测量值可参考表 6-2。

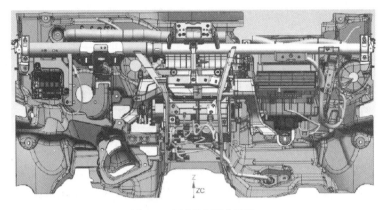

图 6-15　网关控制器位置图

网关控制器端子号及测量值　　　　　　　　　　表 6-2

端子号	线色	端子描述	条件	正常值
G64(H)-1-车身地	W	常电 1	始终	12V 左右
G64(E)-31-车身地	R	IG1	OK 挡电	12V 左右
G03(A)-10-车身地	B	GND	始终	小于 1Ω
G86(G)-4-车身地	P	车身网 CAN-H	始终	2.5～3.5V
G86(G)-5-车身地	V	车身网 CAN-L	始终	1.5～2.5V
KG86(E)-3-车身地	P	智能进入网 CAN-H	始终	2.5～3.5V
KG86(E)-4-车身地	V	智能进入网 CAN-L	始终	1.5～2.5V
TG64(H)-48-车身地	P	智能进入网 CAN-H	始终	2.5～3.5V
TG64(H)-49-车身地	V	智能进入网 CAN-L	始终	1.5～2.5V
BG86(B)-25-车身地	P	能量网 CAN-H	始终	2.5～3.5V
BG86(B)-26-车身地	V	能量网 CAN-L	始终	1.5～2.5V
BG86(B)-7-车身地	P	底盘网 CAN-H	始终	2.5～3.5V
BG86(B)-8-车身地	V	底盘网 CAN-L	始终	1.5～2.5V
G64(H)-1-车身地	W	常电 1	始终	12V 左右
G64(E)-31-车身地	R	IG1	OK 挡电	12V 左右
G03(A)-10-车身地	B	GND	始终	小于 1Ω
G64(G)-56-车身地	P	车身网 CAN-H	始终	2.5～3.5V
G64(G)-57-车身地	V	车身网 CAN-L	始终	1.5～2.5V

注：B-黑色；P-粉红色；R-红色；V-紫色；W-白色；Y-黄色。

2. 总线检修

检修前需要先进行用户所述故障分析和检查蓄电池电压。向用户询问车辆状况和故障产生时的环境。标准电压值 11～14V，若电压低于 11V，在进行下一步之前需充电或更换蓄电池。如若通过分析将故障定位至网关控制器,则需要进行下面的检修过程。

(1) 断开网关控制器 G64(H)、G64(E) 及 G03(A) 连接器。

(2) 检查线束端连接器各端子电压或电阻(表 6-3)。如果正常则进行第(5)步总线测量,如果不正常则进行第(3)(4)步检查和 IG1 配电检查。

检查端子及正常值 1　　　　　　　　　　表 6-3

检查端子	条件	正常情况
G64(H)-1-车身地	始终	12V 左右
G64(E)-31-车身地	OK 挡电	12V 左右
G03(A)-10-车身地	始终	小于 1Ω

(3) 检查熔断丝。用万用表检查网关电源熔断器 F2/2、F2/28 是否导通(表 6-4)。如果不导通则更换熔断器,如果导通则进行下一步。

检查端子及正常值 2　　　　　　　　　　表 6-4

检查端子	正常情况	说明
3-5 端子	导通	1 接蓄电池正极,2 接蓄电池负极
1-2 端子	电阻 80 ~ 100Ω	不外接电池
3-5 端子	电阻无穷大	

(4) 检查 IG1 继电器(图 6-16)。如果继电器不正常则更换继电器,否则进行下一步检查。

(5) 检查 CAN 通信线路。

① 检查智能进入网。智能进入网的两个终端模块分别是右车身控制器和左车身控制器,也即两个 120Ω 的终端电阻分别位于这两个模块之内。两个终端模块是网络的最远端,网络中的其他模块均位于这两个模块之间。所以只要测量这两个模块之间通信线的通断以及两条通信线的电阻即可判定整个网络的断路和短路故障。KG86(E)-3 和 KG86(E)-4 是右车身控制器的端子,G64(G)-52 和 G64(G)-53 是左车身控制器的端子。检查具体内容见表 6-5。第一步和第二步是测量两个控制器之间线路的通断情况,电阻小于 1Ω,通信线正常,电阻值过大则存在锈蚀或短路情况。第三步是测量 CAN-H 和 CAN-L 之间的电阻,如果电阻值大于 10kΩ,说明正常,否则说明存在意外导通的情况。

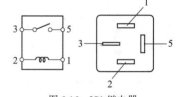

图 6-16　IG1 继电器

检查端子及正常值　　　　　　　　　　表 6-5

检查端子	条件	正常情况
KG86(E)-3-G64(G)-52	始终	小于 1Ω
KG86(E)-4-G64(G)-53	始终	小于 1Ω
KG86(E)-3-KG86(E)-4	始终	大于 10kΩ

②检查车身网。车身网的两个终端模块分别是右车身控制器和左车身控制器,G86(G)-4 和 G86(G)-5 是右车身控制器的端子,G64(G)-56 和 G64(G)-57 是左车身控制器的端子。检查具体内容见表6-6。

检查端子及正常值　　　　　　　　　　　　　　　　　表6-6

检查端子	条件	正常情况
G86(G)-4-G64(G)-56	始终	小于1Ω
G86(G)-5-G64(G)-57	始终	小于1Ω
G86(G)-4-G86(G)-5	始终	大于10kΩ

③检查能量网。能量网的两个终端模块分别是右车身控制器和动力蓄电池管理器(BMC),BG86(B)-25 和 BG86(B)-25 是右车身控制器的端子,BK51-5 和 BK51-6 是动力蓄电池管理器的端子。检查具体内容见表6-7。

检查端子及正常值　　　　　　　　　　　　　　　　　表6-7

检查端子	条件	正常情况
BG86(B)-25-BK51-5	始终	小于1Ω
BG86(B)-26-BK51-6	始终	小于1Ω
BG86(B)-25-BG86(B)-26	始终	大于10kΩ

④检查底盘网。底盘网的两个终端模块分别是右车身控制器和整车控制器(VCU),BG86(B)-7 和 BG86(B)-8 是右车身控制器的端子,K49(B)-19 和 K49(B)-20 是整车控制器的端子。检查具体内容见表6-8。

检查端子及正常值　　　　　　　　　　　　　　　　　表6-8

检查端子	条件	正常情况
BG86(B)-7-K49(B)-19	始终	小于1Ω
BG86(B)-8-K49(B)-20	始终	小于1Ω
BG86(B)-7-BG86(B)-8	始终	大于10kΩ

(6)以上项目检查完毕,均正常,则说明网关控制器存在故障,更换网关控制器即可。以上项目检查的是各网络的总体线路情况,并没有具体分析某个具体网络出现故障时的检修内容。如果某个具体网络出现故障,本检修过程未涉及总线路至各网内模块的线路通断情况,因为CAN网络属于并联网络,所以某模块连接线短路,只影响到本模块的通信,而不影响其他模块的通信。

模块六　混合动力汽车车载网络系统

> 技能实训

一、认识混合动力汽车 CAN 总线系统

（一）准备工作

（1）场地设施：装有废气抽排系统和消防设施的场地。
（2）设备设施：2021 款比亚迪宋 PLUS-DM-i 混合动力汽车一辆。
（3）工具资料：常用工具（一套）、维修手册等。

（二）实训过程

（1）在维修手册中找到车辆 CAN 总线结构图，如图 6-8 所示，熟悉汽车上的智能进入网、车身网、能量网和底盘网及其连接的模块节点。

（2）按照图 6-17 提示的名称及位置，在汽车上找到相应的器件，特别是左车身控制器、右车身控制器（图 6-18）和安全气囊控制器。

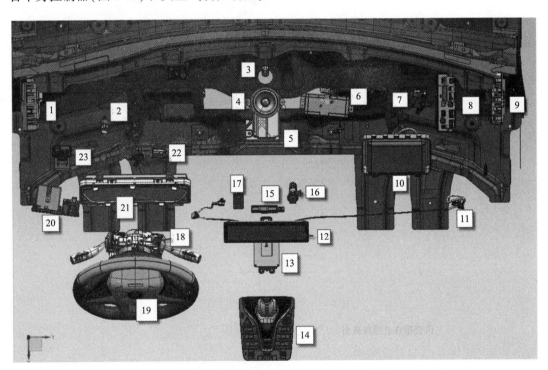

图 6-17　比亚迪宋 PLUS-DM-i 驾驶室器件分布图

1-左车身控制器；2-制动灯开关；3-二合一传感器；4-中置扬声器；5-安全气囊控制器；6-Wi-Fi4G 天线；7-副驾驶座照脚灯；8-多媒体主机；9-右车身控制器；10-副驾驶座安全气囊；11-仪表板氛围灯；12-PAD 显示屏；13-无线充电模块；14-换挡操作面板；15-车内探测天线；16-备用电源；17-USB 总成；18-组合开关；19-主驾驶座安全气囊；20-灯光开关；21-仪表显示屏；22-主驾驶座照脚灯；23-仪表配电盒

185

图 6-18　比亚迪宋 PLUS-DM-i 左、右车身控制器安装位置

二、总线断路故障检测

(一) 准备工作

(1) 场地设施:装有废气抽排系统和消防设施的场地。
(2) 设备设施:2021 款比亚迪宋 PLUS-DM-i 混合动力汽车一辆。
(3) 工具资料:常用工具(一套),故障诊断仪一台等。

(二) 实训过程

(1) 分析可能存在的故障点:底盘网部分总线电路如图 6-19 所示,叉号 1 标记出所有可能出现的故障点,采用排除法逐一检测。

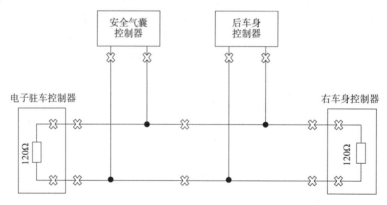

图 6-19　底盘网部分总线电路图

(2) 检查 CAN 总线是否断路(右车身控制器连接器)。
①断开辅助蓄电池负极端子。
②断开右车身控制器连接器 BG86(B)。
③将万用表置于电阻(Ω)挡,检测 BG86(B)-7(CAN-H)与 BG86(B)-8(CAN-L)两个端子之间的电阻,如图 6-20 所示,记录检测数据并与标准数据进行比对,标准值为 108～132Ω。
④若读数正常,说明右车身控制器造成了 CAN 总线断路,应将其更换;若读数异常,继续检测其他可疑故障点——电子驻车控制器。

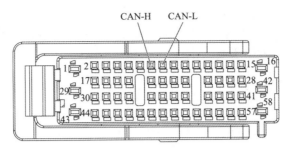

图 6-20　右车身控制器连接器 BG86(B)

(3) 检查 CAN 总线是否断路(电子驻车控制器连接器)。

①连接右车身控制器连接器 BG86(B)。

②断开电子驻车控制器连接器 B03。

③将万用表置于电阻(Ω)挡,在确保断开辅助蓄电池负极端子的情况下,检测 B03-5 (CAN-H) 与 B03-19(CAN-L)两个端子之间的电阻,如图 6-21 所示,记录检测数据并与标准数据进行比对,标准值为 108～132Ω。

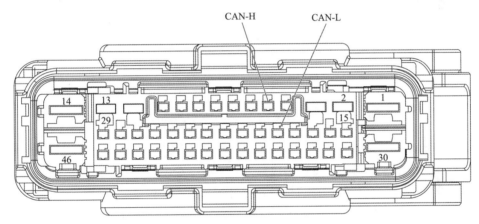

图 6-21　电子驻车控制器连接器 B03

④若读数正常,说明中央网关 ECU 造成了 CAN 总线断路,应将其更换;若读数异常,则可能是电子驻车制动器和右车身控制器之间的线路短路。

(4) 检查 CAN 总线是否断路(安全气囊控制器连接器)。

①连接电子驻车控制器连接器 B03。

②断开安全气囊控制器连接器 KG10。

③将万用表置于电阻(Ω)挡,在确保断开辅助蓄电池负极端子的情况下,先检测 KG10-34(CAN-H) 与 KG10-33(CAN-L)两个端子之间的电阻,记录检测数据并与标准数据进行比对,标准值均为 58～64Ω。

④若读数正常,说明安全气囊控制器造成了 CAN 总线节点断路,应将其更换。

(5) 检查 CAN 总线是否断路(后车身控制器连接器)。

①连接安全气囊控制器连接器 KG10(图 6-22)。

②断开后车身控制器连接器 K53(C)。

③将万用表置于电阻(Ω)挡,在确保断开辅助蓄电池负极端子的情况下,检测 K53(C)-15(CAN-H)与 K53(C)-28(CAN-L)两个端子之间的电阻,如图 6-23 所示,记录检测数据并与标准数据进行比对,标准值为 58~64Ω。

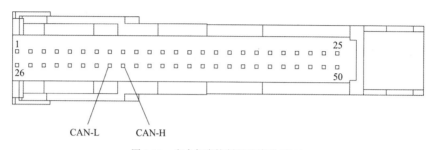

图 6-22　安全气囊控制器连接器 KG10

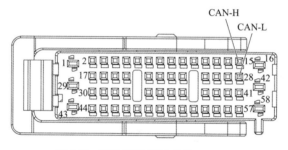

图 6-23　后车身控制器连接器 K53(C)

④若读数正常,说明后车身控制器造成了 CAN 总线断路,应将其更换。

模块小结

(1)汽车传统上采用的是并行数据传输方式,现代汽车采用传输总线后,只需要 1 根或 2 根传输线即可,即一个信息通道同时传输多路信号。

(2)常见的总线类型有 CAN、MOST、LIN、FlexRay 等,至今仍没有一个通信网络可以完全满足未来汽车对成本和性能的所有要求。

(3)CAN 总线采用了双绞线结构,可以防止电磁干扰对传输信息的影响,也可以防止线束本身对外界的干扰,具有良好的电磁兼容性。

(4)CAN 总线主要有两种:用于驱动系统的高速 CAN 总线,速率可达到 500kb/s;用于车身系统的低速 CAN 总线,速率为 100kb/s。

(5)高速 CAN 总线的 CAN-H 和 CAN-L 隐性电平均为 2.5V,CAN-H 的显性电平为 3.6V,CAN-L 的显性电平为 1.4V。

(6)低速 CAN 总线的 CAN-H 隐性电平为 0V,显性电平为 4V。CAN-L 隐性电平为 5V,显性电平为 1V。

(7)LIN 总线的特点有低成本、串行通信、主从结构、单线 12V 等,主要用于智能传感器和执行器的串行通信,同时为现有汽车网络(例如 CAN 总线)提供辅助功能。

(8)MOST 是一种用于多媒体数据传送的网络系统,提供信息及娱乐多媒体服务,传输速率可达到 21.2Mb/s。

模块六 混合动力汽车车载网络系统

（9）传统车辆所有主总线系统和子总线系统均应用于混合动力汽车。此外，针对混合动力还要增加一些新的总线系统，如增加了动力电机、动力蓄电池、SCR 后处理等的监控与诊断。

（10）与普通总线系统相比，混合动力汽车有低压电、高压电，总线传递的数据大量增加，干扰源更多，总线故障诊断难度也有所增加。

（11）CAN 总线故障类型包括电源故障、节点故障和链路故障。

◆ 思考与练习

（一）填空题

1. 为了解决_____问题，车载网络应运而生，常见的总线类型有_____。
2. 总线传输也称为_____，即一个信息通道同时传输_____。
3. MOST 总线采用_____作为传输媒介。
4. 与普通总线系统相比，混合动力汽车有_____，_____，总线传递的_____大量增加，_____更多，总线故障诊断难度也有所增加。
5. 节点故障包括_____和_____两类。

（二）判断题

1. 一般来讲，传统内燃机车辆所有主总线系统和子中线系统均应用于混合动力汽车。（   ）
2. CAN 总线最高传输速度可达 22.5M/s。（   ）
3. LIN 总线作为 CAN 总线的辅助总线，成本低且速度高于 CAN 总线。（   ）
4. 各种不同类型的总线系统通过网关可以实现通信。（   ）
5. 维修 CAN 总线时，可在连接器之间用旁通线来代替原故障线束。（   ）

（三）简答题

1. 请简述混合动力汽车总线系统的结构。
2. CAN 总线的功能是什么？其工作时的信号电平是多少？
3. 在维修某些控制单元时，为什么要严格按照正确的操作顺序？请举例说明。
4. 使用其他车辆上使用过的网关 ECU 作为替换零件时，应注意什么？
5. 中国第一辆红旗小汽车于 1958 年 8 月试制成功，在没有冲压设备制造车身，没有图纸指导零件加工的情况下，仅用 33 天制造完成。请同学们查阅一下这段激动人心的历史，了解更多的细节，体会团队合作的重大意义，并思考我们还可以从这段历史中学到哪些东西？

参 考 文 献

[1] 徐旭升,胡敏艺.新能源汽车动力电池、电机及混合动力系统检修[M]北京:机械工业出版社,2024.

[2] 赵振宁,袁牧,翟来涛.混合动力汽车构造、原理与检修[M].北京:北京理工大学出版社,2024.

[3] 崔文一,林金地.混合动力汽车构造与检修[M].上海:华东师范大学出版社,2024.

[4] 谢军,彭高颖,陈海军.混合动力汽车技术[M].北京:高等教育出版社,2024.

[5] 赵航,史广奎.混合动力电动汽车技术[M].北京:机械工业出版社,2024.

[6] 马思驰.汽车维修从入门到精通[M].北京:电子工业出版社,2023.

[7] 杜慧起.新能源汽车维修从入门到精通[M].北京:机械工业出版社,2022.

[8] 瑞佩尔.比亚迪新能源汽车结构原理与维修[M].北京:化学工业出版社,2023.

[9] 姚美红,杨胜兵.汽车构造[M].北京:机械工业出版社,2023.